LNG 船舶夜航安全评估

文元桥　李龙浩　杨君兰　洪汇勇　著

武汉理工大学出版社
·武 汉·

图书在版编目(CIP)数据

LNG 船舶夜航安全评估/文元桥等著. —武汉:武汉理工大学出版社,2023.6
ISBN 978-7-5629-6734-7

Ⅰ.①L… Ⅱ.①文… Ⅲ.①船舶航行—夜间航行—航行安全—安全评价
Ⅳ.①U676.1 ②U675.5

中国国家版本馆 CIP 数据核字(2023)第 104348 号

项目负责人:陈军东 陈 硕 责任编辑:陈 硕
责任校对:余士龙 版式设计:冯 睿
出版发行:武汉理工大学出版社
地 址:武汉市洪山区珞狮路 122 号
邮 编:430070
网 址:http://www.wutp.com.cn
经 销 者:各地新华书店
印 刷 者:武汉兴和彩色印务有限公司
开 本:787×1092 1/16
印 张:11.25
字 数:250 千字
版 次:2023 年 6 月第 1 版
印 次:2023 年 6 月第 1 次印刷
定 价:56.00 元

前　言

随着经济的迅猛发展,我国对清洁和廉价能源天然气的需求不断攀升。由于全球天然气资源分布不均匀,天然气的运输成为其产业链中的关键环节,而天然气的长途运输又以海上运输为主要载运方式。近年来我国进口 LNG 实现快速增长,2021 年我国进口 LNG 总量达 7900 万吨,同比增长 1200 万吨,超过日本,跃升为全球第一大 LNG 进口国。

由于 LNG 运输的特殊危险性,LNG 船舶在进出港过程中需采取严格的安全保障措施,可能导致 LNG 船舶排队等候,难以快速完成靠离泊作业,间接制约了接收站接卸能力的提升。在新建 LNG 接收站的同时,如能有条件开放 LNG 船舶夜航则可以延长 LNG 船舶作业的窗口时间,解决因航道资源共用带来的通过能力下降问题,从而在很大程度上提升航道通过能力,更好地保障 LNG 接收站执行相关合同和协议要求,避免因丢货而带来的断供风险。此外,在 LNG 供应地区迎峰度夏和冬季调峰保供的关键时期,LNG 船舶夜航对保障能源可靠供应,助力经济稳定发展具有重要意义。

本书由国家自然科学基金面上项目(编号:52072287)和国家重点研发计划项目(编号:2021YFC3101800)提供资助。本书总结了武汉理工大学智能交通系统研究中心 LNG 船舶夜航课题组对国内典型 LNG 接收站船舶夜航研究及相应引航员、LNG 船员和拖轮驾驶员的实际工作经验,全面系统地介绍了 LNG 船舶夜航风险评估及实验流程和方案,并根据典型夜航风险致因提出了风险控制措施。本书可作为高等院校交通运输工程、航海科学与技术和海事管理等学科的本科生与研究生的专业教材,也可作为相关行业管理人员继续教育和技能培训教材,同时还可作为交通运输工程领域学者、研究人员、工程技术人员及海事管理人员等从事相关工作人员的参考书。同时,希望本书的出版能为交通运输工程学科的发展提供一定的帮助。

本书的编写主要由长期从事船舶航行安全态势与航海模拟器试验的研究人员完成,在编写过程中他们参阅了大量的国内外文献资料,在此向这些文献的原作者表示衷心的感谢。此外,在本书的编写过程中,得到了深圳海事局、大亚湾海事局、深圳引航站、广东大鹏液化天然气有限公司等单位的大力帮助,在此表示衷心感谢。

由于国内 LNG 船舶夜航属于新兴事物,仍处于探索尝试阶段,本书所涉及部分内容具有探索性,撰写这方面的书籍对作者来说是一种尝试和挑战。尽管做出了极大的努力,但是书中难免存在错误及不当之处,恳请各位业界专家和读者批评指正。

著　者

2022 年 9 月于武汉

目　　录

1 绪　　论

1.1　研究背景

天然气是优质高效、绿色清洁的低碳能源。加快天然气开发利用,促进协调稳定发展,是我国推进能源生产和消费革命,构建清洁低碳、安全高效的现代能源体系的重要路径。根据国家能源局数据,2020 年度中国天然气消费总量达 3280 亿 m^3。根据预测,中国天然气消费将持续增加。《能源生产和消费革命战略(2016—2030)》提出,到 2030 年,能源消费总量控制在 60 亿吨标煤以内,天然气在我国一次能源消费中占比达到 15% 左右。未来,在城市人口持续增长、环境污染治理力度加大、天然气管网设施日趋完善,以及分布式能源系统快速发展等因素影响下,"煤降气升"将继续成为中国能源结构调整的显著特征。

国内天然气消费总量由自产天然气和进口天然气组成,进口天然气又包括进口 LNG(液化天然气)。根据《中国天然气发展报告(2021)》提供的数据,2020 年,进口 LNG 约占国内天然气消费总量的 28%,占进口天然气的 66%。近年来,大庆、长庆、胜利、新疆等主力油气田产量持续增长,新增天然气勘探不断取得突破,管道建设大幅提升,为天然气增储上产提供了新的资源基础,但仍不能满足国内天然气消费增长的需求。尽管,因"双碳"目标的提出,多数机构下调了天然气消费预测量,但未来一段时间天然气消费量仍将持续增加,预计在 2040 年达到峰值。随着天然气消费量的增加,LNG 的进口量也将继续增加。

LNG 贸易量的增加对 LNG 的接卸能力提出了更高的要求。截至 2021 年,我国已建成 22 座 LNG 接收站,接收能力 9910 万 t/a。各接收站接收能力见表 1.1。为持续提升 LNG 接卸能力,另有 25 座 LNG 接收站拟建或待建。

表 1.1　中国 LNG 接收站概况

序号	项目名称	业主	接收能力/(万 $t \cdot a^{-1}$)
1	广东大鹏 LNG 接收站	中国海油	680
2	福建莆田 LNG 接收站	中国海油	630
3	上海洋山港 LNG 接收站	申能	600
4	上海五号沟 LNG 接收站	申能	150
5	江苏如东 LNG 接收站	中国石油	1000
6	大连 LNG 接收站	国家管网	600

续表 1.1

序号	项目名称	业主	接收能力/(万 t·a⁻¹)
7	浙江宁波 LNG 接收站	中国海油	700
8	广东东莞 LNG 接收站	九丰	150
9	天津 LNG 接收站	国家管网	600
10	珠海金湾 LNG 接收站	中国海油	350
11	唐山曹妃甸 LNG 接收站	中国石油	650
12	海南洋浦 LNG 接收站	国家管网	300
13	青岛董家口 LNG 接收站	中国石化	700
14	海南中油深南 LNG 储备库（海口 LNG）	中国石油	60
15	广西北海 LNG 接收站	国家管网	600
16	粤东 LNG 接收站	国家管网	200
17	江苏启东 LNG 接收站	新疆广汇	300
18	中石化天津 LNG 接收站	中国石化	600
19	深圳迭福 LNG 接收站	国家管网	400
20	浙江舟山 LNG 接收站	新奥	500
21	广西防城港 LNG 接收站	国家管网	60
22	深圳华安 LNG 接收站	深圳燃气	80

新建 LNG 接收站可以直接提升 LNG 接卸能力,但是新的接收站的建设也存在新的问题。以深圳 LNG 枢纽港为例,目前,该水域内同时运行 4 座 LNG 接收站,各接收站共用进出港航道。由于 LNG 运输的特殊危险性,LNG 船舶在进出港过程中需采取严格的安全保障措施,如移动安全区内禁止其他船舶通过,拖轮编队护航等。由于 LNG 船舶出港耗时长,占用水域范围大,使得航道通过能力下降,可能导致 LNG 船舶排队等候,难以快速完成靠离泊作业,间接制约了接收站接卸能力的提升。在新建 LNG 接收站的同时,如能有条件开放 LNG 船舶夜航,则可以增加 LNG 船舶作业的窗口时间,减少因航道资源共用带来的通过能力下降问题,从而在很大程度上提升航道通过能力,更好地保障LNG 接收站执行相关合同和协议要求,避免因丢货而带来断供风险。此外,在 LNG 供应地区迎峰度夏和冬季调峰保供的关键时期,LNG 船舶夜航对可靠保障能源供应,助力经济稳定发展具有重要意义。

一直以来,世界各国对于 LNG 船舶夜间进出港作业均采取极为谨慎的态度。主要原因是考虑到 LNG 船舶在夜航环境下的航行与作业风险,以及在 LNG 突发事故情况下可能对船舶、航道、港口将产生的影响。

夜间航行环境增加 LNG 船舶航行风险是客观存在的,为了研究 LNG 船舶夜航的技术可行性,笔者查阅了部分国家和地区 LNG 船舶进出港作业的相关做法与规定,详见表

1.2 和附录 A。根据表 1.2 中整理的资料，很多国家和地区并未明确禁止 LNG 船舶夜航作业，普遍采用"有条件的开展夜航"这一做法缓解 LNG 占用航道资源的压力，如通过安排 2 名引航员、限制作业时间以及分阶段运行的手段降低夜航风险。

表 1.2 部分国家、地区 LNG 船舶夜航管理规定

国家	港口/码头	是否允许夜航	引航员要求	其他要求
卡塔尔	Ras Laffan	是	—	
澳大利亚	Gladstone	是	2	
	Australia Pacific	是	2	进港时间：HW（高潮）+2h～HW+2.25h
	Queensland Curtis	是	2	
	Gorgon	是	2	
	Pluto	是	—	
	Prelude FLNG	允许夜间离泊	—	
	Wheatstone	是	—	
	Withnell Bay	是	—	
美国	Freeport FLNG	允许夜间离泊	—	
法国	Dunkerque	是	2	
	Montoir	是	2	引航员通常在涨潮前2.5～3h登船
英国	Dragon	是	2	
	South Hook	是	2	
荷兰	Gate	是	2	
意大利	Adriatic	是	—	分阶段运行
	Toscana FSRU	是	—	
	Sines	是	—	
	Etki FLNG	否	—	
	Qasim FLNG	否	—	
	Brunei	是	—	
	Revithoussa	是	—	
	Spec FSRU	否	—	
	Hrvatska FSRU	否	—	
巴基斯坦	Qasim	否	—	

注：LNG 船舶进出港会受到风、浪、流、能见度等自然条件的影响，船舶进出港应在一定的限制作业条件下进行，表中仅列出夜航相关的特殊要求，关于自然条件限制具体参见附录 A。

巴基斯坦 Qasim 港禁止 LNG 船舶夜间进出港作业。法国 Montoir 接收站允许 LNG 船舶夜间进出港,但要求 LNG 船舶在涨潮前至少 3h 到达引航船站并在高潮时靠泊。LNG 船舶夜间靠泊英国 Milford 港的 Dragon 接收站时应满足能见度不小于 1km 的要求。葡萄牙 Sines 港允许 LNG 船舶在夜间进出港,但限制船长大于 250m 的 LNG 船舶夜间进港。澳大利亚 Gladstone 接收站原则上仅允许 LNG 船舶在白天进出港,但结合仿真实验进行可行性研究确认可行后可以有条件夜航。澳大利亚 Prelude FLNG、Wheatstone 接收站、文莱的 Lumut 接收站及意大利的 Toscana FSRU 接收站均不限制 LNG 船舶夜间进出港。可以看出,虽然部分码头禁止 LNG 船舶夜航,但也有码头根据码头自身情况允许或有条件允许 LNG 船舶夜航,说明在根据码头实际情况采取相应的通航安全保障措施的情况下,LNG 船舶夜航在技术上具备可行性。

2021 年 11 月,交通运输部安委办发布了《液化天然气船舶夜间靠泊码头安全作业操作手册》。相关政策法规的出台为 LNG 船舶夜航提供了制度保障。目前,我国在辽宁省、河北省、天津市、山东省、江苏省、上海市、浙江省、福建省、广东省、广西壮族自治区、海南省均建设有 LNG 接收站。各个 LNG 码头所处地理位置不同,周围的通航环境也不同,能否夜航不能一概而论,夜航安全保障工作也并不完全相同,需要在法律法规允许的条件下结合 LNG 码头及临近水域的通航环境开展相应港口 LNG 船舶夜航的安全评估工作,并通过评估判断该 LNG 码头是否可实现有条件夜航并制定相应的安全保障方案。

1.2　研究对象与范围

1.2.1　研究对象

本书研究对象为整个 LNG 船舶夜航系统,该系统包括人员、船舶、环境和管理 4 个方面。其中,人员包括 LNG 船舶船员、引航员、拖轮船员、水域内其他船舶船员及码头作业人员;船舶包括 LNG 船舶、辅助 LNG 船舶进出港航行的拖船及水域内的其他船舶;环境包括风、浪、能见度、光线照度等自然环境及交通流密度、航道布置、临近水工设施等通航环境;管理包括码头所在水域通航安全管理组织机构、设施设备、管理规定、应急保障等。

1.2.2　研究范围

LNG 船舶夜航的时间范围是在日落以后至次日日出之前。水域范围指 LNG 船舶进出港航道、码头及码头前沿水域。作业范围包括 LNG 船舶进出港、LNG 船舶靠离泊码头及 LNG 船舶作业三方面。尽管 LNG 船舶作业并不受夜间作业条件限制,但是考虑到 LNG 船舶初次进行夜航作业,以往在白天进行的关于装卸货作业的安全检查等相关事项将在夜间进行,可能会面临一些新的风险,因此,本书将 LNG 船舶作业也纳入到夜航作业的研究范畴内。

1.3 研究依据与参考

1.3.1 法律、法规、部门规章

· 《中华人民共和国安全生产法》,2021 年 9 月 1 日起施行;
· 《中华人民共和国突发事件应对法》,2007 年 11 月 1 日起施行;
· 《中华人民共和国港口法》,2018 年 12 月 29 日修订并施行;
· 《中华人民共和国海上交通安全法》,2021 年 9 月 1 日起施行;
· 《中华人民共和国消防法》,2021 年 4 月 29 修订;
· 《危险化学品安全管理条例》,2013 年 12 月 7 日修订;
· 《生产安全事故报告和调查处理条例》,2007 年 6 月 1 日起施行;
· 《生产安全事故应急预案管理办法》,2019 年 9 月 1 日施行;
· 《防治船舶污染海洋环境管理条例》,2017 年 3 月 1 日修订;
· 《船舶载运危险货物安全监督管理规定》,2018 年 9 月 15 日施行;
· 《液化天然气船舶夜间靠泊码头安全作业操作手册》,2021 年 11 月 22 日公布。

1.3.2 技术规范、标准

· 《危险货物分类和品名编号》(GB 6944—2012);
· 《危险货物品名表》(GB 12268—2012);
· 《化学品分类和危险性公示 通则》(GB 13690—2009);
· 《生产过程危险和有害因素分类与代码》(GB/T 13861—2022);
· 《液化气体船舶安全作业要求》(GB 18180—2022);
· 《危险化学品重大危险源辨识》(GB 18218—2018);
· 《液化天然气(LNG)生产、储存和装运》(GB/T 20368—2021);
· 《个体防护装备配备规范 第 1 部分:总则》(GB/T 39800.1—2020);
· 《危险化学品单位应急救援物资配备要求》(GB 30077—2013);
· 《危险货物港口作业安全评价导则》(JT/T 845—2020);
· 《化工企业定量风险评价导则》(AQ/T 3046—2013);
· 《生产经营单位生产安全事故应急预案评估指南》(AQ/T 9011—2019);
· 《生产安全事故应急演练基本规范》(AQ/T 9007—2019)。

1.3.3 国外相关技术规范

· IGC code:International Code for the Construction and Equipment of Ships Carrying Liquefied Gases in Bulk.
· SIGTTO:Prediction of Wind Loads on Large Liquefied Gas Carriers.

• SIGTTO：Guide for Planning Gas Trials for LNG Vessels.

• ISPS Code：International Code for the Security of Ships and Port Facilities.

• SIGTTO：Liquefied Gas Fire Hazard Management.

• SIGTTO：Liquefied Gases—Marine Transportation and Storage.

• SIGTTO：Recommendations for Manifolds for Refrigerated Liquefied Natural Gas Carriers.

• SIGTTO：Guide to Contingency Planning for Marine Terminals Handling Liquefied Gas in Bulk.

• SIGTTO：Safety in Liquefied Gas Tankers.

• SIGTTO：LNG Shipping Competency.

• SIGTTO：LNG Operations in Port Areas.

• SIGTTO：Human Error and the Environment Management System of the Gas.

• OCIMF：Ship Vetting and Its Application to LNG.

• OCIMF：Effective Mooring.

1.4　研 究 内 容

作者认为 LNG 船舶夜航安全评估研究应从以下四个方面着手进行：

1.4.1　LNG 船舶夜航的必要性与环境适应性评估

研究港口 LNG 船舶吞吐量及其接货量的发展趋势，相关的锚地等配套设施配置，评估 LNG 船舶夜航的必要性。利用无人机或船载环境监测设备（照度计、CCD 相机）、VTS 等开展 LNG 船舶进出港航行水域夜间通航环境的实测，评估分析夜间水域通航环境交通流特征、船舶行为特征，构建 LNG 船舶夜航通航环境适应性评价模型。

1.4.2　夜间环境差异对船舶的可能影响及影响程度的量化分析

船舶（LNG 船舶和拖轮）驾驶员及参与引航作业的引航员均需要依靠听觉、视觉、知觉等手段获取环境信息作为船舶操纵的决策依据。夜间人体生理节律及光线的变化可能会对驾驶员/引航员获取信息造成一定的不利影响。通过心理测量工具对驾驶员/引航员夜间视觉、听觉、知觉绩效进行测试，并结合以 Q-Flex 主力 LNG 船型为基础的仿真和实船实验对夜间环境的影响进行定量研究。

1.4.3　LNG 船舶夜航风险评估

对 LNG 船舶夜间通航及靠离泊作业的风险进行分析和识别，构建 LNG 船舶夜航风险因素的评价指标体系、评价模型及评价标准。以 Q-Flex 主力 LNG 船型为基础，结合接收站泊位的通航状况对码头前沿专用水域、公共航道、锚地、导助航设施、配备的港作拖轮,以及现有的交通管制和护航船舶等条件,对设计船型船舶夜间进出港航行、靠离泊作业进行风险评估。

1.4.4　LNG 船舶夜航方案

若 LNG 船舶夜航风险在可接受范围内,研究在夜间各种能见度和工况组合影响下,LNG 船舶进出港、靠离泊的运动轨迹和操作要点;分析夜间条件下进出港航行过程中与其他船舶之间的相互影响,研究进出港、靠离泊港作拖轮配置;给出适合各种船型在夜间进出港、靠离泊作业的极限自然条件(包括风、浪、流及夜间能见度等)、交通管制条件及相关的保障措施和设施设备配备的具体方案。

1.5　技术路线

本研究技术路线如图 1.1 所示。

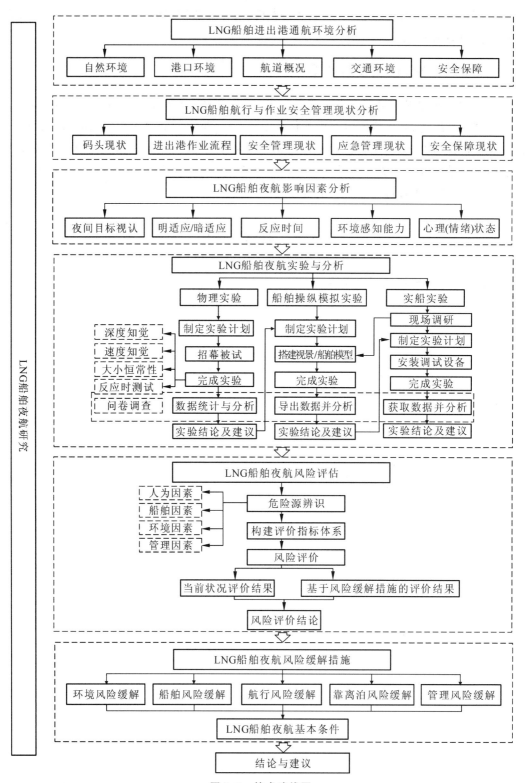

图 1.1　技术路线图

2 LNG 及 LNG 船舶概述

2.1 LNG 概述

LNG 的主要成分是甲烷,另含有少量的乙烷、丙烷、丁烷以及少量硫化物、水和其他非烃类杂质。按照欧洲标准 EN 1160 的规定,LNG 的甲烷含量应高于 75%,氮含量应低于 5%。

2.1.1 LNG 性质

LNG 是无色、无味、无毒、无腐蚀性、透明的液体。其燃点较高、燃烧速度相对较低、相对密度不到水的 1/2。典型的商用 LNG 具有以下性质:

(1)气态比重:CH_4 气态密度为 $0.717kg/m^3$(标准状态下);

(2)沸点:标准大气压下为 $-161.5℃$,可以在常压下降温液化也可以在常温下加压液化;

(3)LNG 的密度:通常为 $430\sim470kg/m^3$,主要取决于其组分(CH_4 含量越高,密度越小);

(4)易燃易爆:当 LNG 汽化后,在空气中的爆炸浓度约为 $5.3\%\sim14.0\%$;

(5)气化潜热大,热值高;

(6)稳定性:与水、空气及其他液化气货物无危险化学反应;

(7)无色、无味、无毒,溶于油,但基本不溶于水,对橡胶软化性强。

2.1.2 LNG 用途

在世界主要能源消费地区,LNG 作为主要燃料来源已有四十多年历史。LNG 相对其他液体燃料而言,其主要优点是热值高、洁净、使用方便、价格便宜。因此,广泛用于以下几个方面:

(1)居民/商业方面

供热、供气,用于住宅、办公室、商店、旅馆等。

(2)工业方面

作为工业热源,用于动力站的发电等。

(3)石油化工方面

氢是化肥、树脂等生产的重要基础,天然气中的甲烷比其他烃类含氢比例大,可作为良好的化工原料。

(4)车辆和航空燃料

甲烷作为无污染、高性能的燃料,可以作为车辆和燃气发动机的理想燃料。

2.1.3　LNG 危害性分析

冷冻液化天然气(LNG)在国际海运危险货物规则中的 UN 编号为 1972,属于 2.1 类易燃气体,在《危险货物品名表》(GB 12268—2012)中,货品编号为 21008。天然气的主要成分为甲烷,根据产地不同,天然气还含有少量的乙烷、丙烷、丁烷以及其他稳定轻烃。这些物质都为易燃易爆物料,极易与空气形成爆炸性混合物,容易引发火灾或爆炸事故。天然气毒性较小,但长期性接触或大量吸入也有中毒的可能。该类物质的主要特性见表2.1。

表 2.1　主要危险物质特性表

序号	有害物质名称	毒性分级	火灾危险性分类	物化性质				
				常温状态	闪点/℃	自燃点/℃	爆炸极限/(V/V,%)	
							下限	上限
1	天然气	微毒	甲	气态	−188	537	5.3	15
2	甲烷	微毒	甲	气态	−188	538	5	15
3	乙烷	微毒	甲	气态	−135	472	3.2	14.5
4	丙烷	微毒	甲	气态	−104	450	2.1	9.5
5	正丁烷	微毒	甲	气态	−54	287	1.5	8.4
6	异丁烷	微毒	甲	气态	−83	460	1.8	8.5
7	正戊烷	低毒	甲 B	液态	−40	260	1.7	9.8
8	异戊烷	低毒	甲 B	液态	−56	420	1.4	7.6

天然气的毒性因其化学组成不同而异。高浓度时能引起窒息,天然气主要成分为甲烷,其性质与纯甲烷相似。天然气急性中毒临床表现多样化,或呈甲烷中毒表现,或呈硫化氢中毒表现,或两者兼有,但主要为中枢神经系统和心血管系统的临床表现:轻者头痛、头晕、胸闷、恶心、呕吐、乏力,重者昏迷、发绀、咳嗽、胸痛、呼吸急促、呼吸困难、抽搐、心律失常,部分病例出现精神异常症状;有脑水肿、肺水肿、心肌炎、肺炎等并发症;心电图检查可发现心动过速或过缓、心房颤动、左室高电压 ST-T 改变;X 线检查可发现肺部纹理增粗增多,单侧或双侧边缘不清的肺部点、片状阴影;实验室检查发现一时性白细胞数和血红蛋白量增加,血浆二氧化碳结合力下降,非蛋白质氮含量略微升高,血钾含量升高。约 16.5% 的中毒者留有后遗症,主要表现为神经系统症状,即头痛、头昏、乏力、多梦、失眠、反应迟钝、记忆力下降,个别有阵发性肌颤、失语、偏瘫,经过适当治疗可以恢复正常,即使严重的后遗症也呈可逆性。长期接触天然气者,主要表现为类神经症,如头晕、头痛、失眠、记忆力减退、恶心、乏力、食欲不振等。

为了便于船舶运输,一般都将天然气冷却至 −162℃,此时,天然气由气态变成液态。

LNG 具备天然气的特性,同时,除与原油有相似的危险性,比如易燃易爆、扩散性、易积聚静电、毒性、热膨胀性与热外溢等之外,还有着其特殊的危险性,且低温是它的主要特殊危险特征。这主要表现在低温条件下它不仅对人体造成危害,还能给船体、港口及其设备造成损害。因此,对 LNG 船舶安全性能的要求比油轮和其他一些化学品船的要求要高得多。在航海实践中,LNG 的特殊危险性主要体现在以下几个方面:

1. 火灾危害

海上 LNG 泄漏会形成一个 LNG 液池,其挥发时会形成一个比空气重的蒸气云。如果没有立即点火,可燃性气体云会随风飘移,在海面上扩散甚至飘到周边的陆地区域。当在它的最高和最低可燃性范围内(体积比 5%～15%)遇到火源时,蒸气云会迅速燃烧形成闪火。火焰会回燃到 LNG 液体池,并在 LNG 泄漏点附近造成池火。处于闪火内或接近池火的人会由于燃烧和热辐射而受伤甚至死亡。LNG 泄漏造成池火过程示意如图2.1 所示。

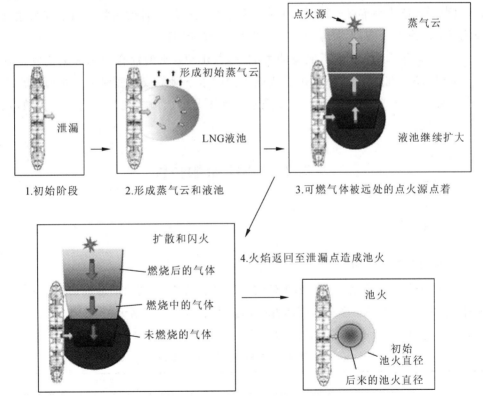

图 2.1 LNG 泄漏造成的池火示意图

2. 窒息

甲烷对人体无害,但却是一种简单的窒息剂。LNG 挥发时其体积膨胀 600 倍以上。当船员和紧急事故处理人员等处于甲烷浓度高的环境中时,窒息就有可能发生。窒息事故多数发生在 LNG 船舶上。

3.冻伤和结构损坏

LNG 是低温的液化气体,当其与人体直接接触时,会从皮肤上吸收大量显热,并且由于其在汽化的过程中吸收潜热,裸露在外的皮肤会被冻伤。冻伤的程度由接触时间、接触面积以及人体体温散失率决定。如果皮肤与 LNG 接触时间过长,就会造成永久性的伤害,严重时,可能会危及生命。超低温液货和普通的船体接触时,由于局部冷却产生的应力会使船体产生自发性的脆裂、失去延展性,从而危及整个船体的结构安全。

4.快速相态转变(Rapid Phase Transition,RPT)

RPT 现象具有爆炸的特性,但 RPT 爆炸是物理爆炸,不是由可燃物引起的爆炸。这种快速相变在金属加工过程中很常见,如水流到熔化的金属上。然而,水流到熔化的金属上的温度差(400～500℃)比 LNG 流入水中的温度差(175℃)高很多,水由液体变成气体的膨胀比(约为 1200 倍)比 LNG 变成甲烷气体的膨胀比(约为 600 倍)大。

RPT 影响是有限的。爆炸的强度远小于爆轰(超声速),压力冲击波更有可能接近爆燃(相当于声速或小于声速),不大可能引起船体大的结构件的破坏。对已经发生的重大溢流事故的影响区域,不太可能进一步增大其影响范围。

另外,关于 LNG 在水下泄漏的影响区,其 LNG/水的混合影响区不会完全处于水中。如果 LNG 在水下泄漏(如由于碰撞引起的水下泄漏或船底泄漏),很可能出现的情况是泄漏的 LNG 随水压力向上运动至水面而不是朝向泄漏孔洞方向平面扩散,从而扩大事故后果。

2.2　LNG 船舶特性

2.2.1　船型介绍

1.船型尺度与参数

LNG 船舶是近半个世纪来出现的特殊运输船舶类型,其船舶参数如表 2.2 所示。经统计,通常 LNG 船舶长度和宽度随着船舶载货量的增大而增大,而设计吃水在 LNG 船舶载货量超过 20 万 m³ 后就不再增大。

表 2.2　LNG 船舶主要参数表

船舶参数	范围
船长 L /m	70.41～345.28
船宽 B/m	12.7～53.83
总吨位 GT/t	1.599～163.922
吃水 T/m	3.2～12.2
型深 D/m	6.2～29.63
主机功率 P/kW	1.764～39.900

2.船舶动力系统

为了适应 LNG 货物的运输,LNG 船舶也有其自身的特点,主要体现在船舶动力系统和货舱结构的设计上。

20 世纪 90 年代,远洋 LNG 船舶的推进系统一直采用蒸汽轮机。2003 年,能使用柴油和天然气的双燃料柴油机问世,为 LNG 船舶提供了新的解决方案。2004 年即有采用双燃料柴电(DFDE)推进系统和带有再液化装置的低速柴油机(DRL)的 LNG 船舶交付。另外,此时混合燃气轮机电力推进和蒸汽轮机电力推进已经在研究中,但还没有实船应用。2008 年~2012 年交付的 LNG 船舶尺度大多为货物容量为 13.5 万~18 万 m^3 的标准型 LNG 船舶和货物容量在 20 万~27 万 m^3 的 Q-Flex/Q-Max 型 LNG 船舶。其中,双燃料柴电推进系统已成为标准型 LNG 船舶的主流推进方式,平均设计航速为19.4kn。Q-Flex/Q-Max 型船均采用带再液化装置的低速柴油机推进系统,服务航速 19.5kn。LNG 船舶的服务航速高于散货船的。船队平均航速为 19.5kn,该航速能在推进装置、燃料消耗、自然蒸发产生的货损或安装再液化装置增加的功率/燃料消耗间达到很好的平衡。由于 LNG 接收站的限制,大部分 18 万 m^3 及其以下的 LNG 船舶最大吃水约为11.5m,同时可容纳更大船舶的接收站吃水限制在 12m。所有标准型 LNG 船舶均采用单桨,但 Q-Flex/Q-Max 型船舶要达到服务航速需采用双桨配置。

(1)蒸汽轮机推进。现有 LNG 船舶中的大部分采用蒸汽轮机。蒸汽轮机的优点是机器本身简单,且容易维护,可靠性已经过证明,能简单而可靠地处理蒸发汽,当自然蒸发汽不足时还可用重燃油或强制蒸发汽来补足,但燃料消耗成本比其他推进方式高。对于 Q-Flex/Q-Max 型船,由于采用双桨配置,机舱相对较短,但仍需有足够的空间布置冷凝管回收间,因此并排布置蒸汽轮机会有困难,不适于采用蒸汽轮机推进。

(2)双燃料柴电推进(DFDE)。双燃料柴电推进系统可以使用自然蒸发汽、船用柴油或重燃油。自然蒸发汽从货舱收集,压缩至 6bar(600kPa),再通过双壁管系输送至发动机,还需要少量(约 1%)的船用柴油作为引燃燃料。至今为止交付的大部分发动机都是仅能使用气体燃料(不算引燃油),或仅能使用燃油,无法既使用气体燃料又使用燃油。

(3)带再液化装置的低速柴油机推进(DRL)。低速柴油机几乎是所有大型货船的首选,因为螺旋桨直接与发动机相连,没有传动损失,因此热效率最高,其使用的重燃油是所有燃料中最便宜的。唯一的缺点是较难处理蒸发汽。当尺度增加至 Q-Flex 和 Q-Max 型时,自然蒸发汽的量会明显增加,但仍在再液化装置的处理能力范围内。

2.2.2 LNG 船舶操纵特性

LNG 船舶与油船比较相似,大部分都是"尾机型船",液体货物储存放在船中部的液货舱中,其中,液货舱可以占到船舶总长度的 2/3~3/4。LNG 船舶的液货舱不能作为压载舱使用,因此 LNG 船舶普遍具有比较高的干舷。LNG 船舶的尺寸较大,甲板上具有大的开口,其结构也具有不连续性,应力集中点较多。另外,球型货舱存在一部分露于甲板之上,船受风阻的作用面积大,还会影响瞭望。LNG 船舶主要操纵特性包括:

（1）船舶满载时盲区大，瞭望具有一定的困难，避让时受可航水域的影响较大；

（2）吃水深、干舷高、船型宽，受风流影响比其他船型更加明显，航向稳定性差；

（3）船舶质量大、惯性也大，冲程长，旋回作业半径大，操纵不易；

（4）船舶在港口航道航行过程中，其浅水效应、岸推和岸吸作用十分明显；

（5）船舶舵效较差，淌航过程中丧失舵效的时机比较早；转向较为困难，需用大舵角加车克服；

（6）LNG 船舶航行时一般船速较快，在低速时舵效明显降低，对港口航道条件有一定要求。

3 LNG 船舶夜航安全风险分析

对已经发生过的风险事故进行整理、归档,是一种重要的风险分析手段,它可以有效地还原事故发生的场景,从而方便地找出可能导致事故的风险因素。

3.1 LNG 船舶事故案例

本节统计了 1964 年至 2020 年共 196 起 LNG 船舶事故,表 3.1 给出了 1964—2020 年 57 年的 LNG 船舶事故历史数据,图 3.1 给出了事故按 5 年间隔(2019 年至 2020 年仅 2 年)的分布情况。

表 3.1 1964—2020 年 LNG 船舶事故统计数据

序号	年份	船名/造船时间	货舱类型	状态	损伤/死亡	LNG 泄漏	事故类型
1	1964	Methane Progress (b. 1964)	其他类型	装载货物	否	否	
2	1965	Methane Progress (b. 1964)	其他类型	在港	否	否	
3	1965	Cinderella (Jules Verne)(b. 1965)	其他类型	装载货物	否	是	装载/卸载事故
4	1965	Methane Princess (b. 1964)	其他类型	卸货后正断开连接	否	是	装载/卸载事故
5	1966	Methane Progress (b. 1964)	其他类型		否	是	货物控制系统事故
6	1969	Polar Alaska (Methane Polar)(b. 1969)	薄膜型	运输过程中	否	是	货物控制系统事故
7	1970	Arctic Tokyo(b. 1969)	薄膜型	运输过程中	否	否	货物控制系统事故
8	1971	Methane Princess (b. 1964)	其他类型		否	否	货物控制系统事故
9	1971	Descartes(b. 1971)	薄膜型		否	是	货物控制系统事故
10	1971	Methane Progress (b. 1964)	其他类型		否	否	货物控制系统事故
11	1971	Esso Brega(LNG Palmaria)(b. 1969)	其他类型	卸载	否	是	装载/卸载事故
12	1971	Methane Progress(b. 1964)	其他类型		否	否	装载/卸载事故
13	1972	Methane Progress (b. 1964)	其他类型		否	否	货物控制系统事故
14	1974	Methane Progress (b. 1964)	其他类型	在港	否	否	触礁/搁浅事故

续表 3.1

序号	年份	船名/造船时间	货舱类型	状态	损伤/死亡	LNG泄漏	事故类型
15	1974	Methane Progress /Methane Princess (b. 1964)	其他类型	系泊在码头	否	否	碰撞事故
16	1975	Geomitra Methane Princess (b. 1975)	薄膜型	在建	否	否	
17	1976	(At Guayaquil，Ecuador)(造船时间未知)	未知	卸载	超过50人受伤	是	装载/卸载事故
18	1977	LNG Challenger(b. 1974)	球型	抛锚	否	否	碰撞事故
19	1977	LNG Delta(b. 1977)	薄膜型	在接收站装货	1人死亡	是	装载/卸载事故
20	1977	LNG Aquarius(b. 1977)	球型	卸货	否	否	火灾/爆炸事故
21	1977	LNG Aquarius(b. 1977)	球型	装载货物	否	是	装载/卸载事故
22	1978	LNG Capricorn(b. 1978)	球型	在建	否	否	
23	1978	LNG Aries(b. 1977)	球型	在接收站靠泊	否	否	恶劣天气事故
24	1978	Khannur(b. 1977)	球型	运输过程中	否	否	碰撞事故
25	1978	LNG Challenger(b. 1974)	球型	靠近海港	否	否	触碰事故
26	1978	Polar Alaska(b. 1969)	薄膜型	在码头	否	否	触碰事故
27	1978	Methane Progress (b. 1964)	其他类型		否		货物控制系统事故
28	1978	Gadila (Bekalang)(b. 1973)	薄膜型		否	否	装备/机械失灵事故
29	1978	El Paso Southern (LNG Delta) (b. 1978)	薄膜型	试航	否	否	搁浅事故
30	1978	LNG Gemini(b. 1978)	球型	在接收站靠泊	否	否	货物控制系统事故
31	1978	Hilli(b. 1977)	球型		否	否	装备/机械失灵事故
32	1979	Methane Progress (b. 1964)	其他类型		否	否	火灾/爆炸事故
33	1979	Mostefa Ben Boulaid(b. 1976)	薄膜型	卸载	否	是	装载/卸载事故
34	1979	Pollenger (LNG Challenger) (Hoegh Galleon) (b. 1974)	球型	卸载	否	是	装载/卸载事故
35	1979	El Paso Paul Kayser(b. 1975)	薄膜型	在海上	否	否	触礁/搁浅事故

序号	年份	船名/造船时间	货舱类型	状态	损伤/死亡	LNG泄漏	事故类型
36	1979	Isabella(b. 1975)	薄膜型	运输过程中	否	否	火灾/爆炸事故
37	1979	El Paso Howard Boyd (Matthew) (b. 1979)	薄膜型	运输过程中	否	否	触礁/搁浅事故
38	1979	El Paso Consolidated(b. 1977)	薄膜型		否		货物控制系统事故
39	1979	El Paso Southern (LNG Delta) (b. 1978)	薄膜型		否	否	装备/机械失灵事故
40	1979	Pollenger(LNG Challenger) (b. 1974)	球型	走锚	否	否	装备/机械失灵事故
41	1979	Ben Franklin(b. 1973)	薄膜型		否	否	装备/机械失灵事故
42	1979	LNG Capricorn(b. 1978)	球型		否	否	碰撞事故
43	1979	LNG Aquarius (b. 1977)	球型		否	否	装备/机械失灵事故
44	1979	LNG Capricorn(b. 1978)	球型	航行中	否		货物控制系统事故
45	1979	Hilli(b. 1977)	球型		否	否	货物控制系统事故
46	1979	El Paso Columbia (b. 1979)	其他类型	拖带	否	否	
47	1979	El Paso Savannah (b. 1979)	其他类型	试航	否	否	
48	1980	LNG Libra(b. 1979)	球型	在海上	否	否	装备/机械失灵事故
49	1980	LNG Taurus(b. 1979)	球型	在港	否	否	触礁/搁浅事故
50	1980	Arctic Tokyo(b. 1969)	薄膜型	航行中	否	否	货物控制系统事故
51	1980	Geomitra (Bilis)(b. 1975)	薄膜型		否	否	装备/机械失灵事故
52	1980	El Paso Howard Boyd (Matthew) (b. 1979)	薄膜型	脱离码头	否	否	触礁/搁浅事故
53	1980	Mourad Didouche(b. 1980)	薄膜型		否	否	碰撞事故
54	1980	LNG Aquarius(b. 1977)	球型		否	否	装备/机械失灵事故
55	1980	LNG Leo(b. 1978)	球型	卸货	否		装载/卸载事故
56	1980	LNG Leo(b. 1978)	球型		否	否	装备/机械失灵事故
57	1980	LNG Leo(b. 1978)	球型		否	否	碰撞事故
58	1980	LNG Libra(b. 1979)	球型	在海上	否	否	装备/机械失灵事故
59	1980	LNG Capricorn(b. 1978)	球型		否	否	装备/机械失灵事故
60	1980	LNG Aries(b. 1977)	球型		否	否	装备/机械失灵事故

续表 3.1

序号	年份	船名/造船时间	货舱类型	状态	损伤/死亡	LNG泄漏	事故类型
61	1980	LNG Taurus(b.1979)	球型		否	否	装备/机械失灵事故
62	1981	El Paso Columbia (b.1979)	其他类型	拖带	否	否	触礁/搁浅事故
63	1981	Larbi Ben M'Hidi(b.1977)	薄膜型		否	否	碰撞事故
64	1981	Bachir Chihani(b.1979)	薄膜型		否	否	货物控制系统事故
65	1981	LNG Aquarius(b.1977)	球型		否		恶劣天气事故
66	1981	LNG Aries(b.1977)	球型		否	否	碰撞事故
67	1981	LNG Leo(b.1978)	球型		否	否	装备/机械失灵事故
68	1981	LNG Leo(b.1978)	球型		否	否	触礁/搁浅事故
69	1981	LNG Gemini(b.1978)	球型		否	否	装备/机械失灵事故
70	1981	LNG Gemini(b.1978)	球型		否	否	装备/机械失灵事故
71	1981	未知	未知		否	否	装载/卸载事故
72	1981	LNG Capricorn(b.1978)	球型	在海上	否	否	装备/机械失灵事故
73	1981	LNG Capricorn(b.1978)	球型	在接收站	否	否	火灾/爆炸事故
74	1981	LNG Taurus(b.1979)	球型		否	是	货物控制系统事故
75	1981	LNG Virgo(b.1979)	球型	航行中	否	否	装备/机械失灵事故
76	1981	LNG Libra(b.1979)	球型	航行中	否		恶劣天气事故
77	1981	Lake Charles (LNG Edo)(b.1980)	球型		否	否	触礁/搁浅事故
78	1982	Descartes(b.1971)	薄膜型	在海上	否	否	装备/机械失灵事故
79	1982	El Paso(时间未知)	薄膜型		否	是	货物控制系统事故
80	1982	Larbi Ben M'Hidi (b.1977)	薄膜型	传输臂断开	否	是	装载/卸载事故
81	1982	Jules Verne (Cinderella)(b.1965)	其他类型		否	否	火灾/爆炸事故
82	1982	Genota (Bubuk)(b.1975)	薄膜型		否	否	装备/机械失灵事故
83	1982	Tenaga Satu(b.1979)	薄膜型	航行中	否	否	装备/机械失灵事故
84	1982	LNG Aquarius(b.1977)	球型		否	否	装备/机械失灵事故
85	1982	LNG Aquarius(b.1977)	球型		否	是	货物控制系统事故
86	1982	LNG(时间未知)	球型		否		货物控制系统事故
87	1982	LNG Gemini(b.1978)	球型		否	否	装备/机械失灵事故

序号	年份	船名/造船时间	货舱类型	状态	损伤/死亡	LNG 泄漏	事故类型
88	1982	LNG Gemini(b. 1978)	球型	航行中	否	否	触碰事故
89	1982	Lake Charles (LNG Edo)(b. 1980)	球型		否	否	装备/机械失灵事故
90	1982	LNG Aries(b. 1977)	球型		否	否	装备/机械失灵事故
91	1982	LNG Libra(b. 1979)	球型		否	否	装备/机械失灵事故
92	1982	Lake Charles (LNG Edo)(b. 1980)	球型		否	否	装备/机械失灵事故
93	1983	LNG Capricorn(b. 1978)	球型		否		恶劣天气事故
94	1983	Gari (Bekulan)(b. 1973)	薄膜型		否	否	碰撞事故
95	1983	Tenaga Empat(b. 1981)	薄膜型	航行中	否	否	装备/机械失灵事故
96	1983	Tenaga Satu(b. 1982)	薄膜型		否		货物控制系统事故
97	1983	Norman Lady(b. 1973)	球型		否	是	装备/机械失灵事故
98	1983	Norman Lady(b. 1973)	球型	锚泊	否	否	装备/机械失灵事故
99	1983	LNG Aquarius(b. 1977)	球型		否	否	装备/机械失灵事故
100	1983	LNG Aries(b. 1977)	球型	航行中	否	否	恶劣天气事故
101	1983	LNG Aries(b. 1977)	球型		否		装备/机械失灵事故
102	1983	LNG Taurus(b. 1979)	球型		否	否	装备/机械失灵事故
103	1983	LNG Taurus(b. 1979)	球型	卸货	否		装载/卸载事故
104	1983	LNG Virgo(b. 1979)	球型		否	否	装备/机械失灵事故
105	1983	LNG Libra(b. 1979)	球型	卸货	否		装载/卸载事故
106	1984	LNG Aquarius(b. 1977)	球型	维修中	否	否	
107	1984	LNG Aquarius(b. 1978)	其他类型		否	否	装备/机械失灵事故
108	1984	LNG Aquarius(b. 1979)	其他类型		否	否	碰撞事故
109	1984	LNG Aquarius(b. 1980)	薄膜型		否	否	触碰事故
110	1984	LNG Aquarius(b. 1981)	薄膜型		否	否	装备/机械失灵事故
111	1984	LNG Aquarius(b. 1982)	薄膜型	靠泊	否	否	碰撞事故
112	1984	LNG Aquarius(b. 1983)	薄膜型		否	否	装备/机械失灵事故
113	1984	LNG Aquarius(b. 1984)	薄膜型		否	是	货物控制系统事故
114	1984	LNG Aquarius(b. 1984)	球型	维修中	否	否	
115	1984	LNG Aquarius(b. 1984)	球型	出航	否	否	装备/机械失灵事故

续表 3.1

序号	年份	船名/造船时间	货舱类型	状态	损伤/死亡	LNG泄漏	事故类型
116	1984	LNG Aquarius(b. 1984)	球型	卸载	否	否	装载/卸载事故
117	1984	LNG Aquarius(b. 1984)	球型	卸载	否	否	装载/卸载事故
118	1984	LNG Gemini(b. 1978)	球型	航行中	否	是	货物控制系统事故
119	1984	LNG Gemini(b. 1978)	球型	航行中	否		恶劣天气事故
120	1984	LNG Virgo(b. 1979)	球型		否		货物控制系统事故
121	1984	LNG Aquarius(b. 1977)	球型	卸载	否		装载/卸载事故
122	1984	LNG Aries(b. 1977)	球型		否		装备/机械失灵事故
123	1984	LNG Capricorn(b. 1978)	球型		否		装备/机械失灵事故
124	1985	Ramdane Abane (b. 1982)	薄膜型		否	否	碰撞事故
125	1985	Gadinia (Bebatik)(b. 1972)	薄膜型	在港	否	否	装备/机械失灵事故
126	1985	Isabella(b. 1975)	薄膜型	卸载	否	是	装载/卸载事故
127	1985	Annabella(b. 1975)	薄膜型		否	是	货物控制系统事故
128	1985	Tenaga Empat(b. 1981)	薄膜型		否	否	货物控制系统事故
129	1985	Tenaga Satu(b. 1982)	薄膜型	卸载	否	否	装载/卸载事故
130	1986	Tenaga Lima(b. 1981)	薄膜型	出航	否	否	装备/机械失灵事故
131	1986	Hilli(b. 1975)	球型	离港	否	否	碰撞事故
132	1986	LNG Virgo(b. 1979)	球型	航行中	否	否	碰撞事故
133	1987	Pollenger(LNG Challenger)(b. 1974)	球型	航行中	否	否	装备/机械失灵事故
134	1989	Tellier(b. 1973)	薄膜型	装载货物	否	是	恶劣天气事故
135	1989	Larbi Ben M'Hidi(b. 1977)	薄膜型				恶劣天气事故
136	1989	未知	未知	装载货物	(可能)27人死亡	是	恶劣天气事故
137	1990	Bachir Chihani(b. 1979)	薄膜型	在海上	否	否	货物控制系统事故
138	1990	Arzew (Galeomma)(b. 1978)	薄膜型	拖带	否	否	
139	1990	Ramdane Abane(b. 1981)	薄膜型		否		货物控制系统事故
140	1990	Larbi Ben M'Hidi(b. 1977)	薄膜型		否		货物控制系统事故
141	1990	Louisiana (LNG Abuja)(b. 1980)	球型	卸货	否		装载/卸载事故

序号	年份	船名/造船时间	货舱类型	状态	损伤/死亡	LNG泄漏	事故类型
142	1990	Louisiana（LNG Abuja）（b.1980）	球型	在海上	否	否	装备/机械失灵事故
143	1991	Laieta (b.1970)	其他类型		否	否	装备/机械失灵事故
144	1991	Louisiana（LNG Abuja）（b.1980）	球型		否	否	
145	1992	LNG Port Harcourt(b.1977)	薄膜型		否	否	装备/机械失灵事故
146	1992	Lake Charles（LNG Edo）（b.1980）	球型		否		装备/机械失灵事故
147	1993	Hassi R′Mel(b.1971)	薄膜型	在干船坞	否	否	
148	1993	Hassi R′Mel(b.1971)	薄膜型	维修中	否	否	
149	1993	Hoegh Gandria(b.1977)	球型	锚泊			碰撞事故
150	1994	Annabella(b.1975)	薄膜型	维修中	否	否	
151	1995	Mourad Didouche(b.1980)	薄膜型	在港	否	否	
152	1996	LNG Finima(B.1983)	薄膜型	锚泊	否	否	
153	1996	Bachir Chihani(b.1979)	薄膜型	在港	否	否	装备/机械失灵事故
154	1996	Mostefa Ben Boulaid(b.1976)	薄膜型	在码头卸货	否	否	
155	1996	LNG Portovenere(b.1996)	薄膜型	海上试验	6人死亡	否	
156	1997	Northwest Swift(b.1989)	球型	在海上	否	否	碰撞事故
157	1997	LNG Capricorn（b.1978）	球型	在港	否	否	触碰事故
158	1998	Mostefa Ben Boulaid(b.1976)	薄膜型	在港	否	否	装备/机械失灵事故
159	1998	LNG Bonny(B.1981)	薄膜型	在海上	否	否	装备/机械失灵事故
160	1999	Methane Polar(b.1969)	薄膜型	在港(空载)	否	否	触碰事故
161	1999	Matthew(b.1979)	薄膜型	在海上	否	否	装备/机械失灵事故
162	2000	Hanjin Pyeong Taek(b.1995)	薄膜型	在海上	否	否	碰撞事故
163	2000	LNG Jamal(b.2000)	球型	在码头	否	否	
164	2000	Hoegh Galleon（Pollenger）（b.1974）	球型	在码头	1名造船工死亡	否	
165	2001	Ramdane Abane(b.1982)	薄膜型	在海上	否	否	装备/机械失灵事故

续表 3.1

序号	年份	船名/造船时间	货舱类型	状态	损伤/死亡	LNG泄漏	事故类型
166	2001	Methane Polar (b. 1969)	薄膜型	在码头	LNG船无损失,但散货船3人受份	否	碰撞事故
167	2001	Khannur(b. 1977)	球型	卸载	否	是	装载/卸载事故
168	2002	Norman Lady(b. 1973)	球型	在海上	否	否	碰撞事故
169	2002	Mostefa Ben Boulaid(b. 1976)	薄膜型	卸载	否	是	装载/卸载事故
170	2003	Methane Princess(b. 2003)	薄膜型	在建	否	否	
171	2003	Century(时间未知)	球型	在海上	否	否	装备/机械失灵事故
172	2003	Hoegh Galleon（Pollenger）(时间未知)	球型	在海上	否	否	装备/机械失灵事故
173	2003	Hilli(时间未知)	球型	在锚地	否	否	装备/机械失灵事故
174	2003	Gimi(时间未知)			否	否	触礁/搁浅事故
175	2003	Fuwairit（b. 2003）	薄膜型	在建	否	否	
176	2003	Galicia Spirit（b. 2004）	薄膜型	在建	否	否	
177	2003	LNG Berge Arzew（b. 2004）	薄膜型	在建	否	否	
178	2004	British Trader(b. 2002)	薄膜型	海上	否	否	火灾/爆炸事故
179	2004	Methane Arctic(b. 1969)	薄膜型	卸货	否	否	火灾/爆炸事故
180	2004	Tenaga Lima(b. 1981)	薄膜型	在海上	否	否	触碰事故
181	2005	Hispania Spirit(b. 2002)	薄膜型	靠泊中	否	否	触碰事故
182	2005	Laieta（b. 1970）	其他类型	压载	否	否	装备/机械失灵事故
183	2007	Dwiputra(b. 1994)	未知	在海上	否	否	碰撞事故
184	2008	Methania(b. 1978)		靠泊中	否	否	恶劣天气事故
185	2009	Matthew(b. 1979)	Membrane	在海上	否	否	触碰事故
186	2010	Buleskey(b. 2006)		靠泊中	否	否	触碰事故
187	2013	Coral Ivory(时间未知)		在海上	否	否	碰撞事故
188	2013	Al Gharaffa(时间未知)		在海上	否	否	碰撞事故
189	2015	Magellan Spirit(b. 2009)		在海上	否	否	触礁/搁浅事故
190	2015	Al-Oraiq(时间未知)		在海上	否	否	碰撞事故
191	2016	Lijmiliya(时间未知)		在海上	否	否	碰撞事故
192	2017	Fedor Litke(时间未知)		在海上	否	否	碰撞事故

序号	年份	船名/造船时间	货舱类型	状态	损伤/死亡	LNG泄漏	事故类型
193	2017	Al Khattiya（时间未知）		靠泊中	否	否	碰撞事故
194	2018	Grand Elena（时间未知）		靠泊中	否	否	触碰事故
195	2019	Aseem（时间未知）		锚泊	否	否	碰撞事故
196	2020	Gaslog Saratoga（时间未知）		在海上	否	否	触礁/搁浅事故

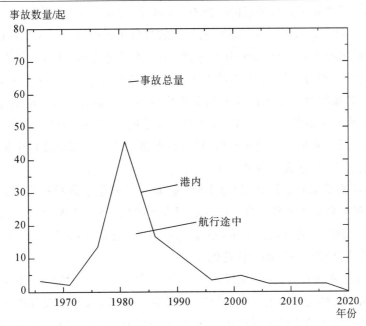

图 3.1 1964—2020 年每 5 年液化天然气运输船事故数量

LNG 船舶事故信息一般由 DNV 和 Lloyds 跟踪记录，目前记录在案的 LNG 船舶事故总计有 196 起。其中，有 23 起事故发生原因不具有典型性，比如在建、在船坞维修、受海盗袭击、试航等，故不作为分析案例。根据事故的类型不同，可将 LNG 事故分为 8 类，见表 3.2。

表 3.2 LNG 船舶事故（按类型）统计

事故类型	事故数量/起
碰撞	27
触礁及搁浅	12
触碰	11
火灾及爆炸	7
装备及机械失灵	57

续表 3.2

事故类型	事故数量/起
恶劣天气	10
装载及卸载事故	22
货物控制系统故障	27

在各类事故中,装备及机械失灵发生的次数最多,其次为碰撞、货物控制系统故障及装载及卸载事故,而火灾、搁浅、触碰、恶劣天气等发生的概率相对较低。在总共的 196 起事故中,发生了液化天然气泄漏的事故有 28 起,但均未发生人员伤亡。

根据图 3.1,1970～1980 年,LNG 船舶事故数量迅速增加,至 1980 年前后事故数量达到顶峰,随后迅速下降。到 1990 年恢复到 1970 年以前的水平(每 5 年发生 10 起左右的事故),最后稳定在每 5 年 10 起事故以下。进入 21 世纪后,每 5 年事故数量进一步下降到个位数。若按照每船年事故发生频率来算,LNG 船舶发生事故的概率比其他类船舶发生事故概率要小很多。一方面得益于日益先进的 LNG 船舶技术,另一方面,目前开放 LNG 船舶夜航作业的港口码头有限,且均有严格的作业管控条件和作业流程,目前国内外并无典型 LNG 船舶夜航事故记录。

尽管 LNG 船舶事故率较低,但是 LNG 船舶一旦发生事故可能造成极为严重的后果,尤其是夜间不利的作业环境将会在一定程度上增加 LNG 船舶的作业风险。因此,有必要对 LNG 船舶夜航进行风险分析,通过风险分析提前布局,对有风险的环节制定风险防范和缓解措施,保障 LNG 船舶作业的安全。

LNG 船舶虽然在设备、作业流程、安全保障方案上均与一般船舶不同,但是 LNG 船舶夜航也会面临其他船舶夜航存在的问题,如夜间照度差、人员生理节律下降等,这也是夜航作业相对于白天的关键区别所在。因此,本章将对国内其他船舶夜航事故进行统计分析,寻找船舶夜航的风险因素,以对 LNG 船舶夜航的安全风险分析提供借鉴。

3.2　国内其他船舶夜航事故案例

本节统计了中华人民共和国海事局网站上所公布的 2019—2021 年船舶夜间航行事故,统计结果如表 3.3 所示。

表 3.3　2019—2021 年中国国内船舶夜航事故统计

年份	事故时间	船名	事故类型	状态	损伤/死亡	事故原因	原因分类
2021	2213	"三无"船舶与"君津达 999"轮	碰撞	在航	1 人死亡	船舶不适航/船员不适任/驾驶员瞭望疏忽/避让行动不当	人为因素/船舶因素

年份	事故时间	船名	事故类型	状态	损伤/死亡	事故原因	原因分类
2021	0255	"粤惠州货 3366"船与"中民众备 0284"船	碰撞	在航	"中民众备 0284"船沉没/1 人死亡	驾驶员未正规瞭望/未以安全航速行驶/未谨慎驾驶/未按规定显示号灯	人为因素/船舶因素
2021	0512	"海狐 17 号"船与涉渔"三无"船	碰撞	在航	1 人死亡	未以安全航速行驶/夜间违规航行/疏忽瞭望/未正确判断碰撞危险/未按规定主动避让他船	人为因素/船舶因素
2021	0327	" YMMUTUALITY "轮与"闽诏渔 60969"船	碰撞	在航	"闽诏渔 60969"船沉没	疏忽瞭望/未履行让路船义务/未采取避碰措施	人为因素
2021	2245	清远"7・26""粤韶关货 6661"船与"英德黎溪自 1060"船"	碰撞	在航	"英德黎溪自1060"船沉没/1 人死亡	疏忽瞭望/未履行让路船义务/未采取避碰措施	人为因素
2021	0336	"粤云浮货 1688"船与"粤肇渔 81096"船	碰撞	在航	"粤肇渔 81096"船损坏/1 人死亡	疏忽瞭望/未按规定显示号灯/人员不适任	人为因素
2021	2052	"勇峰 X"轮拖带船组与无名钢质小船	碰撞	在航	无名钢质小船沉没/1 人死亡、3人失踪	未严格遵守《1972年国际海上避碰规则》的相关规定	人为因素
2021	0115	"粤运盈 118"船与"粤高要渔 83167"船	碰撞	在航	1 人死亡	未保持正规瞭望/超高运输货物/未按规定显示号灯/未及时采取有效避让措施	人为因素
2021	0141	"中港 88"轮与"宁双顺 5568"轮	碰撞	在航	"宁双顺 5568"轮沉没	未采取安全航速/未采取有效避碰行动/疏忽瞭望/未履行让路船义务	人为因素/船舶因素

续表 3.3

年份	事故时间	船名	事故类型	状态	损伤/死亡	事故原因	原因分类
2021	2205	"海澜中谷 9"轮与"浩航 167"轮	碰撞	在航	"浩航 167"轮沉没/部分燃油泄漏	未使用安全航速/避让行为失当/驾驶台资源管理失误/疏忽瞭望/未尽让路船义务/未使用安全航速	人为因素/船舶因素
2021	2226	" L6 " 轮与"Y13030"轮	碰撞	在航	"Y13030"轮沉没/1 人死亡	未保持正规瞭望/未及早判断碰撞危险并采取避让措施/未采用安全航速/未显示号灯	人为因素/船舶因素
2021	0415	"粤东莞货 1868"船与涉渔"三无"船	碰撞	在航	涉渔"三无"船沉没/1 人死亡	疏忽瞭望/未履行让路船义务/未采取避碰措施	人为因素
2021	2318	"宇顺 69"船与"藤县益航 5678"船	碰撞	在航	"藤县益航 5678"船沉没	未按规定横越/未保持正规瞭望/未遵守避让原则/未按规定显示号灯/未以安全航速行驶	人为因素/船舶因素
2021	0505	" DLACACOIA "轮与"桂钦渔 20216"渔船	碰撞	在航	渔船沉没/1 人死亡,6 人失踪	未及早采取让路行为/疏忽瞭望	人为因素
2021	0114	"宝舸 7"轮与"浙象渔 13032"渔船	碰撞	在航	"宝舸 7"轮进水沉没	疏忽瞭望/未采取安全航速/未有效履行直航船义务/未采用安全航速/人员不适任	人为因素/船舶因素
2021	2302	"飞达 117"轮与"榕信达 6678"轮	碰撞	离泊	"榕信达 6678"轮沉没/1 人死亡	未正确判断碰撞危险/未使用良好船艺/离泊时机不当/疏忽瞭望/未使用安全航速	人为因素/船舶因素

年份	事故时间	船名	事故类型	状态	损伤/死亡	事故原因	原因分类
2021	0136	"粤 XX66"船与"鸿 XX"船	碰撞	在航	"粤 XX66"船翻沉/1 人死亡	疏忽瞭望/未履行让路船责任/未使用安全航速/应急操纵不当/未及早采取有效措施避让	人为因素/船舶因素
2021	0408	"华盛 02"轮与"琼临渔 01161"轮	碰撞	在航	"琼临渔 01161"轮沉没/1 人死亡	未履行让路船义务/未保持正规瞭望/未使用安全航速/违反避碰规则	人为因素/船舶因素
2021	2306	"浙路渔 81758"轮与"浙海 1156"轮	碰撞	在航	"浙海 1156"轮沉没/7 人死亡	疏忽瞭望/未履行让路船责任/未使用安全航速/未采取最有助于避碰的行动	人为因素/船舶因素
2020	2230	"润桂 676"船附属艇与不明快艇	碰撞	在航	2 人死亡		
2020	0001	"HTK NEPTUNE"轮与"三无"渔船	碰撞	出港	"三无"渔船倾覆翻扣/1 人死亡	未保持正规瞭望/未正确判断碰撞危险/未履行让路船义务/违反避碰规则/未谨慎航行/违反航行管理规定/未按规定显示正确号灯/船舶未登记/人员不适任	人为因素/船舶因素
2020	2204	"N"轮与"Y"船	碰撞	在航	1 人死亡、1 人重伤	未履行让路船义务/船长失职/疏忽瞭望/未采取最有助于避碰的措施	人为因素
2020	2057	"建扬 78"轮与"苏滨渔 12601"船	碰撞	在航	"苏滨渔 12601"船沉没/2 人死亡	违规追越/未履行追越船义务/未经依法检验和登记/船员不适任/疏忽瞭望/安全管理缺失	人为因素/管理因素

续表 3.3

年份	事故时间	船名	事故类型	状态	损伤/死亡	事故原因	原因分类
2020	1938	"晟运 1"轮与"浩祥 7"轮	碰撞	在航	"晟运 1"轮沉没/2 人死亡	船长失职/疏忽瞭望/未保持足够安全距离/应急措施不当	人为因素
2020	2041	"中昌欣盛"轮与"闽东渔 64952"渔船	碰撞	在航	"闽东渔 64952"渔船沉没/1 人死亡、3 人失踪	疏忽瞭望/未履行让路船义务/未采取最有助于避碰的行动	人为因素
2020	0410	"HUIFENG7"船与"恩润 9"船	碰撞	在航	燃油泄漏	疏忽瞭望/采取避让措施不当/未采取最有效避让措施	人为因素
2020	0335	"宁连海 1206"轮与"浙嵊渔 05834"船	碰撞	在航	"宁连海 1206"轮沉没	船舶不适航/船员不适任/驾驶员瞭望疏忽/避让行动不当/未及早采取有效避让行动	人为因素/船舶因素
2020	0003	"金双龙 3"轮与"锦鸿 89"轮	碰撞	在航	"锦鸿 89"轮沉没	疏忽瞭望/避让措施不当/未使用安全航速/未采取有效避让措施	人为因素/船舶因素
2020	2048	"浙普 26505"轮与"浙普渔 61006"船	碰撞	在航	"浙普 26505"轮沉没/ 1 人死亡、1 人失踪	疏忽瞭望/航行操作不当/船员不适任/船舶不适航/未运用良好船艺避碰	人为因素/船舶因素
2020	1935	"粤东莞货 1011"船附属艇与不明船艇	碰撞	在航	"粤东莞货 1011"船附属艇翻沉/1 人死亡、2 人受伤	未按规定显示号灯/未履行让路船义务/疏忽瞭望	人为因素/船舶因素
2020	2151	CL LIANYUNG-ANG 轮过驳船组与"北仑海狮"轮	碰撞	锚泊		未按规定使用过驳作业船/未使用良好船艺/疏忽瞭望/未履行避让船义务/未使用安全航速/未采取最有助于避碰的行动	人为因素/船舶因素

年份	事故时间	船名	事故类型	状态	损伤/死亡	事故原因	原因分类
2020	2237	"YOU & ISLAND" 轮与"辽绥渔 35555"轮	碰撞	在航	1 人失踪、1 人受伤	疏忽瞭望/未按规定操纵/未采取避让行动	人为因素
2020	0347	"粤茂滨渔 43822" 渔船与"新昱洋"轮	碰撞	在航	"新昱洋"轮沉没/4 人死亡	疏忽瞭望/未采取有效避让措施	人为因素
2020	2355	"惠丰 9289"轮与 "浙普渔 34197"船	碰撞	在航	"惠丰 9289"轮沉没	疏忽瞭望/未采取最有效的避碰行动/船员不适任/未履行让路船义务	人为因素
2020	2213	袁某所属的涉渔 "三无"船舶与"君津达 999"轮	碰撞	在航	1 人死亡	船舶不适航/船员不适任/疏忽瞭望/避让行动不当	人为因素/船舶因素
2020	2046	"W"轮与"Y"轮	碰撞	在航	1 人死亡	疏忽瞭望/未采取避让行动/人员不适航	人为因素
2020	2239	"粤广州货 1662" 船附属艇与不明船艇	碰撞	在航	1 人死亡		
2020	0416	"浙岱渔 11498"轮 与"KUM HAE"轮	碰撞	在航	"KUM HAE" 轮沉没/5 人死亡、4 人失踪	疏忽瞭望/未采取避让行动/碰撞后应急处置措施不当/	人为因素
2020	2257	"WISDOM GRACE" 轮与"鄞通顺 227"轮	碰撞	在航	"鄞通顺 227"轮沉没/4 人失踪	疏忽瞭望/未谨慎驾驶/未使用安全航速/未及早采取有效避让措施/未按规定穿越通航分道	人为因素/船舶因素
2020	2121	"K"轮与 "L23626"轮	碰撞	在航	"L23626"轮沉没/1 人失踪	未使用安全航速/疏忽瞭望/未及早避让船舶/未采取最有助于避让的行动	人为因素/船舶因素
2020	2100	"粤广州货 1833"船 与"粤云渔 90693"船	碰撞	在航	1 人死亡	疏忽瞭望/人员不适任	人为因素

续表 3.3

年份	事故时间	船名	事故类型	状态	损伤/死亡	事故原因	原因分类
2020	0321	"浙兴航 3"轮与"康帝侠义"轮	碰撞	在航	燃油泄漏	疏忽瞭望/未使用安全航速/未采取有效避让措施	人为因素/船舶因素
2020	0200	内河散货船"HY69"轮	自沉	锚泊	"HY69"轮进水沉没	船体结构及抗风能力不足/气象环境恶劣	船舶因素/环境因素
2020	0330	内河干货船"W"轮	自沉	锚泊	内河干货船"W"轮沉没	船体结构及抗风能力不足/气象环境恶劣	船舶因素/环境因素
2020	2100	"宏翔 819"轮	自沉	作业	"宏翔 819"轮沉没/4 人死亡、4 人失踪	船舶稳性不足	船舶因素
2020	2126	"新兴达 18"轮	自沉	在航	"新兴达 18"轮沉没	货物积载和系固不当/遭遇风浪/船长应对措施不当	环境因素/人为因素
2020	0100	"华君集团"游艇	自沉	在航	"华君集团"游艇沉没	水密完整性不足/气象环境恶劣	船舶因素/环境因素
2020	0250	"神洲 19"轮	自沉	在航	"神洲 19"轮沉没/5 人死亡、1 人失踪	货物不适装/货物绑扎系固不当/货舱未用舱盖板封闭导致进水	人为因素
2020	2046	"海阳 997"轮	自沉	作业	"海阳 997"轮沉没/3 人死亡	货物积载不当/应急操作不当/气象海况恶劣	人为因素/环境因素
2020	2115	"LIAN FENG 18"轮	自沉	在航	"LIAN FENG 18"轮沉没	采取应急措施不当/左右压载舱之间的舱壁发生破裂	人为因素/船舶因素
2020	0121	"江海洋宏伟"轮	自沉	作业	"江海洋宏伟"轮沉没	超核定航区航行/遭遇大风浪	船舶因素/环境因素

年份	事故时间	船名	事故类型	状态	损伤/死亡	事故原因	原因分类
2020	2106	"兴航海68"轮	自沉	在航	"兴航海68"轮/3人死亡	货物系固不当/遭遇大风浪	船舶因素/环境因素
2020	1930	"中科航 5"船	自沉	在航	"中科航 5"船沉没	未按要求进行压载/超航区航行/应急处置不当	人为因素/船舶因素
2019	2100	"JI SHUN 16"轮	自沉	在航	"JI SHUN 16"轮沉没	货舱舱底锈蚀洞穿	船舶因素
2019	0347	"中兴 689"轮	自沉	在航	"中兴 689"轮沉没/2人死亡	积载、货物管理不当/航行操作不当	人为因素
2019	2024	"SW"帆船	风灾	在航	"SW"帆船沉没/1人死亡	抗风力不足/稳性、浮性不足/超载/遭遇强对流天气/应急处置不当	船舶因素/人为因素/环境因素
2019	0038	"闽福州油0010"轮	火灾	作业	"闽福州油0010"轮失火/1人死亡	不具备接收含石脑油洗舱水的安全作业要求	船舶因素
2019	0410	无名船舶	火灾	在航	无名船舶沉没,1人失踪	主机高压油管破裂	船舶因素
2019	0416	"Cape Moreton"轮与"闽霞渔 04555"轮	碰撞	在航	2人失踪	未采用安全航速/疏忽瞭望/未采取最有助于避碰的行动/未积极履行让路船义务	人为因素/船舶因素
2019	0323	"浙兴航 87"轮与"浙嵊渔冷 80002"船	碰撞	在航	"浙嵊渔冷80002"轮沉没/1人死亡,4人失踪	疏忽瞭望/未采取正确有效避让措施/未采取有效雾航措施	人为因素
2019	2259	"JINWAN"轮与"浙普渔 68956"船	碰撞	在航	1人失踪	违反避碰规则/疏忽瞭望/未采用安全航速/未履行让路船义务	人为因素/船舶因素

续表 3.3

年份	事故时间	船名	事故类型	状态	损伤/死亡	事故原因	原因分类
2019	2330	"浙椒渔运 88336"轮与逃逸船	碰撞	在航	1 人死亡	未履行让路船义务/疏忽瞭望/未使用安全航速/未尽到直航船义务	人为因素/船舶因素
2019	0130	"TIANLONG SPIRIT"轮与"EPISKOPI"轮	碰撞	在航		疏忽瞭望/未使用安全航速/未履行直航船义务/未履行让路船职责	人为因素/船舶因素
2019	2140	"捷海 189"轮与"浙象渔 47118"轮	碰撞	在航	"捷海 189"轮与"浙象渔 47118"轮/4 人失踪	疏忽瞭望/未使用安全航速/未采取有效避让措施/未谨慎驾驶	人为因素/船舶因素
2019	2213	涉渔"三无"船舶与"君津达 999"船	碰撞	在航	1 人死亡	船舶不适航/船员不适任/疏忽瞭望/避让行动不当	人为因素/船舶因素
2019	2132	"穗水巴 21"船与"粤清远货 3270"船	碰撞	在航	3 人受伤	疏忽瞭望/未履行让路船义务/未使用安全航速/驾驶员疲劳	人为因素/船舶因素
2019	0030	无证运输船与无证渔船	碰撞	在航	无证渔船沉没/1 人死亡、3 人失踪	船舶不适航	船舶因素
2019	0038	"银安"轮与"闽晋渔 05568"	碰撞	在航	"闽晋渔 05568"轮/2 人死亡、6 人失踪	未正确判断碰撞危险/未积极履行让路船义务/未正确采取避碰行动/违反避碰规则	人为因素
2019	1900	"程瑞 8"轮	搁浅	锚泊		环境恶劣/对周围环境评估不足	环境因素
2019	2325	"九江采 9999"船	搁浅	在航	1 人死亡	船员不合格/船员不适任/安全管理不到位/船员安全意识淡薄/安全防护措施不当	人为因素

年份	事故时间	船名	事故类型	状态	损伤/死亡	事故原因	原因分类
2019	1950	"恒帆 178"轮	搁浅	进港		未保持正规瞭望/未能正确识别灯浮标	人为因素
2019	0114	"桂平滨海 8899"船	触礁	在航		驾驶台资源管理失误/驾驶员应急操作不当/船长未正确履行船长职责	人为因素
2019	1908	"佰舸"游艇	触礁	在航	1 人死亡、9 人受伤	未制定航线计划/疏忽瞭望/未采用安全航速/未按规定航路航行	人为因素
2019	0330	"X"号游艇	触礁	在航	游艇全损	值班责任落实不到位/未按规定航行	人为因素
2019	2355	无证自卸砂船	触礁	在航	本船沉没	船员不适任/未按规定驾驶	人为因素
2019	1713	"豫信货 13176"轮	触礁	在航	本船沉没	船员不适任/未按规定驾驶	人为因素
2019	2344	"惠金桥 01"轮	触碰	在航	1 人受伤	航线设计不当/未按规定值班/值班驾驶员瞭望疏忽/未与公司保持有效联系	人为因素
2019	0020	摩托艇	触碰	在航	2 人死亡	未按规定驾驶	人为因素
2019	2121	"众茂 3"轮	触碰	进港		未按规定航行/未保持正规瞭望	人为因素
2019	0343	"W"起重船	触碰	锚泊		环境恶劣/对周围环境评估不足	环境因素
2019	1927	"汇金易 21"船	触碰	在航		未及早判断危险并做出相应措施	人为因素
2019	0245	"闽宁德货 0632"轮与"振浮 10"轮	触碰	在航	1 人死亡	驾驶员未保持正规瞭望/未按规定发出警告	人为因素

续表 3.3

年份	事故 时间	船名	事故 类型	状态	损伤/死亡	事故原因	原因分类
2019	2354	"苏连云港货 8866"轮	触碰	在航	本船沉没/3 人 死亡、3 人失踪	未保持正规瞭望/ 未及早采取避碰行 动/船舶不适航/船 员不适任/船舶安全 不合格	人为因素
2019	2110	"MARITIME + ROSEMARY"轮与 "鲁荣渔 55977"轮	碰撞	在航	"鲁荣渔 55977" 轮沉没/9 人失踪	疏忽瞭望/未使用 安全航速/未及时采 取有效避让措施	人为因素
2019	2355	"惠丰 9289"轮与 "浙普渔 34197"船	碰撞	在航	"惠丰 9289"轮 沉没	疏忽瞭望/未采取 最有助于避免碰撞的 行动/船员不适航/未 履行让路船义务	人为因素

数据来源:中华人民共和国海事局官网 https://www.msa.gov.cn/

    图 3.3 给出了 2019—2021 年国内船舶夜航事故的数据统计结果,图中横坐标为事故发生时间,纵坐标为事故发生数量。从图中可以看出,碰撞事故数量较多,占船舶夜航总事故的 63.5%,其次是自沉事故和触碰事故。事故发生时间多集中在 21—24 时以及次日 3—5 时,这些时段内的事故数量分别超过其他夜航事故总量的 10%,通过问卷调查,船员表示上述时段内最容易疲劳,精神状态最差。

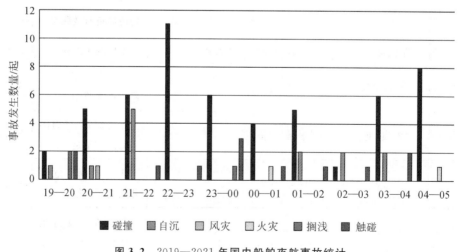

图 3.2 2019—2021 年国内船舶夜航事故统计

    根据 2019—2021 年国内船舶夜航事故原因统计结果(图 3.3),从人、船、环境、管理组成的系统角度,导致船舶事故的因素中人为因素占比最大,85 起夜航事故中有 71 起事故由于人为因素所导致,占比高达 84%,其次由于船舶因素所导致的夜航事故占比 49%,主要表现为船舶不适航、船舶设备存在问题等。船航夜航事故原因统计表如表 3.4 所示。需要说明的是,由于船舶夜航事故的原因并不唯一,有的事故原因有两项甚至多项,所以表 3.4 中的数据反映的是该原因所导致的事故占全部事故的比例情况。

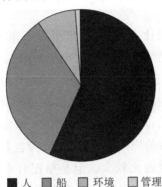

人 ■ 船 ■ 环境 □ 管理

图 3.3 2019—2021 年国内船舶夜航事故原因统计结果

表 3.4 船舶夜航事故原因统计表

船舶不适航	船员不适任	瞭望	避让不当	未使用安全航速	未采用良好船艺	未按规定显示号灯
12.64%	13.79%	63.22%	28.74%	26.44%	6.90%	8.05%

违规航行	驾驶台资源管理不当	货物积载与系固	气象环境恶劣	应急不当	船长失职/驾驶员疲劳/安全意识淡薄
35.63%	2.30%	6.90%	4.60%	9.20%	4.60%

通过对具体事故原因的统计(表 3.4)可以看出,瞭望因素包括疏忽瞭望和未保持正规瞭望是导致船舶夜航事故的主要原因,因瞭望导致的事故占比达到 63.22%。瞭望是船舶驾驶人员获取环境信息并据此做出驾驶决策的基础,瞭望对船舶白天航行安全也至关重要,但是通过查阅事故调查报告,夜间环境对船舶驾驶员瞭望的影响与白天存在较大不同。在白天,船舶驾驶人员可以很方便地通过物体如他船、助航标志、陆地的形状、大小、颜色等视认。夜间由于光线照度差,船舶驾驶人员视认距离急剧减小,对物体的视认需要借助物体自身发射的光如灯标、船舶号灯等或反射环境的亮光,受距离、灯质、环境背景光线及部分船舶不按规定显示号灯的影响,极有可能造成不能及时发现他船/物标的情况。尽管目前船上配备了雷达/ARPA、ECDIS、CCTV 等导助航设施,但是有些船舶/物标尺度较小或处在某种作业状态,在助航仪器上难以分辨,又由于夜间肉眼视觉瞭望受限,无法将视觉瞭望结果与助航仪器显示结果完全对应,导致船舶驾驶人员不能及时发现和分辨来船或物标而导致事故。如 CL LIANYUNGANG 轮过驳船组与"北仑海狮"碰撞事故中,CL LIANYUNGANG 轮起锚后开启了航行灯,但过驳作业未停止,甲板

工作灯、浮吊船的探照灯,以及两舷驳船工作灯都未关闭,如此强烈的灯光不利于他船观察发现本船的航行灯,"北仑海狮"未能仔细核对电子海图显示的 CL LIANYUNGANG 轮过驳船组的多个 AIS 信息和雷达上显示的回波对应情况,主观认为主航道里的多个 AIS 信号是一些小型船舶想穿越航道过其船首,直至逼近到相距约 300m 时,才发现前方是多艘船舶靠在一起的作业船组,仔细比对船组灯光与岸上灯光,才区分识别出 CL LIANYUNGANG 轮。

通过分析事故调查发现,避让不当(包括未采取或未及时采取避让措施及避让措施失当)和未采用安全航速分别是导致船舶夜航事故的第二和第三大原因。由于夜间环境照度差,部分物标隐匿在黑暗中导致参照物缺失,船舶驾驶员的速度知觉、空间知觉都将受到影响,主要表现为不能准确判断来船/物标的相对距离和方位,对本船速度感知出现偏差,误认为本船当前船速较低,从而影响船舶驾驶人员做出正确的驾驶决策。

另外,在导致船舶夜航事故的原因中,驾驶员疲劳也是导致事故的原因之一,尽管从统计结果看,由疲劳导致的事故占比较少。但是根据日常生活经验,夜间生理节律下降会对人员夜间行为如反应速度、反应灵敏度造成不利影响,在具体分析时难以准确归类,如上述夜航事故中有 1 起事故是因为驾驶台资源管理不当,实际为舵工实际操舵操作与其收到的驾驶员舵令相反,这其中可能否存在夜间疲劳导致的人员反应迟钝未能及时发现操作失误。

3.3　影响 LNG 船舶夜航安全的风险因素分析

根据对船舶夜航事故的分析可以看出,夜间与白天作业环境的最大区别在于两方面:一方面夜间环境照度差,人眼视觉绩效相较于白天受到较大限制,直接影响 LNG 船舶夜航作业人员通过视觉获取环境信息做出行为决策;另一方面,夜间处于人体生理节律低谷,作业人员因疲劳导致操作失误风险增加。夜间环境照度不良和夜间生理节律低谷是影响 LNG 船舶夜航安全的两大风险因素。为了进一步研究夜间环境对 LNG 船舶夜航作业人员的可能影响及其机理,本书收集了国内外相关的研究成果。

3.3.1　环境照度不良对视觉绩效的影响

1. 夜间目标视认

视觉是通过视觉系统的外周感觉器官(眼)接受外界环境中一定频率范围内的光线刺激,经中枢有关部分进行编码加工和分析后获得的主观感觉。人眼能视认物标的基本条件是物标发射或反射的光线进入人眼。夜间环境照度下降,那些自身不能发光或自身光线较弱的物体就难以被人眼视认。

国内有学者开展了室内空间垂直照度与信息读取(目标视认)关系(图 3.4)的实验,实验结果表明垂直照度与被试者读取信息的正确率具有一定的相关性,大体呈现正相关,如图 3.5 所示。垂直照度与信息读取正确率大致上表现为随垂直照度升高正确率上升趋势,设置被照面垂直照度为 25lx 时,被试者对字母的平均识别正确率为96.39%,正确率最低。当垂直照度为 550lx 时,被试者对信息的平均识别正确率为98.76%,正确率最高。但当垂直照度超过 550lx 时,正确率差别不大。

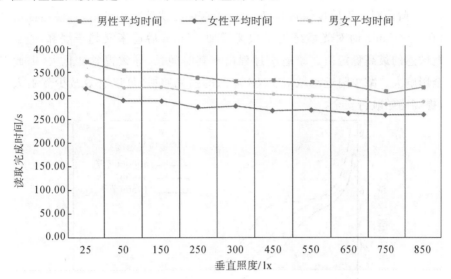

图 3.4 垂直照度与信息读取完成时间的关系

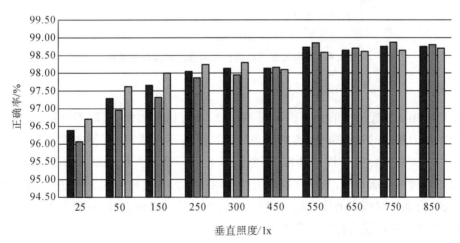

图 3.5 垂直照度与信息读取正确率的关系

2. 明适应和暗适应

LNG 船舶夜间进出港和靠离泊作业过程中,其所处的环境照度不是一成不变的,照度变化较大时,比如在码头泊位附近或其他岸边灯光较强的环境下,驾引人员的眼睛要通过改变瞳孔的大小和视网膜上感光细胞对光线敏感的程度来适应环境照度的迅速变化,而这一适应过程需要一定的时间,不可能在一瞬间完成。所以,当外界环境照度迅速变化时,人的眼睛有一小段时间的视觉障碍,这一障碍就是人眼的适应过程。驾引人员对光线由明亮迅速变成黑暗的适应过程为暗适应。反之,驾引人员对光线由黑暗迅速变成明亮的适应过程称为明适应。

通过测量人从明亮环境进入黑暗环境时其边缘视觉的阈值,可以得到其暗适应曲线。图 3.6 为不同适应光强度下的典型暗适应曲线,通过曲线可知,在进入黑暗环境的前 5min 这一阶段对光敏感度快速提高,是暗适应能力快速提高的阶段,然后曲线变化速率减缓,在 8~15min 时对光敏感度又快速增加,15min 后速率又趋于缓和,直到 30min 后达到光敏感的最高稳定值。暗适应过程由于其时间长,导致视觉变化大,因此对船舶航行安全影响大。减少附近水域对 LNG 船队的强光照射,可以有效减少驾引人员的视觉障碍,提高船舶航行安全。

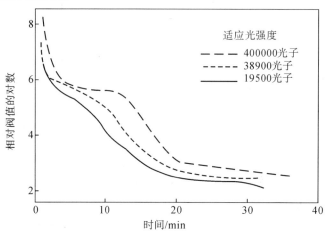

图 3.6　不同照度下白光预先适应后的暗适应曲线

3. 眩光

眩光是指由于光亮度的分布或范围不适当,或对比度太强,引起不舒适感或分辨细节或物体能力减弱的视觉条件,通常分为失能眩光和不舒适眩光,其中失能眩光与人眼有直接生理关系并会降低视觉功能,不舒适眩光仅带来不舒适感而未降低人眼视觉能力。船舶夜间沿岸航行时,沿岸建筑或者桥梁附近因为亮化和彩化导致的强光、反射、倒影等现象,会在不同程度上导致眩光现象,在驾引人员辨识标志时,对驾引人员的眼睛造成刺激,出现短暂的视力急剧下降等现象。

本书所考虑周围背景灯光主要有两个方面,即岸边的夜间照明灯光与灯光捕鱼的渔船诱鱼灯光。

(1)岸边的夜间照明灯光

船舶在距岸较远的水域航行时,岸边的灯光对船舶夜航安全的影响较小。但船舶在夜间进出港的时候,尤其是对于客船、客滚船及集装箱班轮等靠离泊较为频繁的船舶,岸边的照明灯光对其夜航安全的影响就显得更为突出。图 3.7 为国内某 LNG 码头的夜间照明灯光。可以明显地看出夜间港口码头岸边的背景照明灯光较为强烈,这在一定程度上会影响到对船舶号灯的有效识别,从而可能造成对来船态势的误判,造成航行中的紧张局面,甚至可能导致船舶事故的发生。

图 3.7　国内某 LNG 码头的夜间照明灯光

（2）灯光捕鱼的渔船诱鱼灯光

灯光捕鱼是利用动物的趋光性，用大功率的人造光源将鱼群诱至船边巧收网捕携的一种捕鱼方式。为了强化灯光捕鱼的效果、获得良好的经济收益，灯光捕鱼的渔船往往会安装有上千盏大功率的诱鱼灯，在渔船较为密集的渔区附近，常常会形成一片灯的海洋。图 3.8 为某捕鱼船上安装的诱鱼灯，灯光捕鱼的渔船诱鱼灯光会在一定程度上影响到船舶号灯的可识别性，进而威胁到船舶航行安全。

图 3.8　某捕鱼船上安装的诱鱼灯

统一眩光值（UGR）是度量处于视觉环境中的照明装置发出的光对人眼引起不舒适感主观反应的心理参量，其值可按 CIE 统一眩光值公式进行计算：

$$UGR = 8\lg \frac{0.25}{L_b} \sum_i^n \frac{L_a^2 \omega}{P^2}$$

式中，L_b 为背景亮度（cd/m²）；L_a 为观察者方向灯源的亮度（cd/m²）；ω 为光源发光部分对观察者眼睛所形成的立体角；n 为光源数量；P 为每个光源的位置指数。一般而言，统一眩光值不应超过 22。

3.3.2　环境照度不良对感知知觉的影响

1. 深度知觉

深度知觉是个体对同一物体的凹凸或对不同物体的远近的反映。深度知觉有多种线索,物体的遮挡(重叠),在前面的近,被遮挡者远;光亮和阴影的分布(明暗分析),近处物体显得亮些,远处物体显得暗些;空气透视,近处物体轮廓清晰、细节分明,远处物体不清晰;线条透视,指对象在空间上的几何投影,大小相同的物体近的视角大,远的视角小。运动视差,即由观察者的位置移动而引起的客体相对运动的知觉,如坐火车可看到,近处物体向反方向移动,越近越快,而远处物体则随观察者向同一方向运动。这种运动速度和方向的差异也构成距离线索。此外,各种物体表面的组织结构也可提供距离信息,如地面的结构越远越密集,构成结构上的梯度,给人以深度印象。通过以上所列举的深度知觉线索,得出空间距离可由视觉推断。

LNG 船舶夜间进出港和靠离泊过程中,对于驾引人员来说精准的深度感知能力是保证水上交通安全的关键。在进出港航行和靠离泊作业过程中驾引人员要不断地对周围可能存在的碍航物或他船的距离进行判断,这些判断会为驾引人员的后续决策和操作提供主要依据。夜间条件下深度知觉能力会影响驾引人员在以下两种情况的判断:

(1)判断本船与他船或周围其他物体的距离,例如追越距离的判断,船舶航行时与周围碍航物之间的距离等。

(2)一个物体与另外一个物体之间的距离判断,例如判断他船与周围障碍物的距离,浮标之间的距离等。

生活经验表明环境照度下降将会影响深度知觉,但是定量研究较少。国内有学者在 $50lx$、$150lx$、$350lx$、$550lx$、$750lx$、$950lx$ 和 $1200lx$ 照度条件下分别对 42 名篮球运动员和 42 名普通大学生进行深度知觉测试。测试结果表明(表 3.5),被试对深度的感知能力随照度升高而增强,照度达 $950lx$ 后深度知觉基本不变。在运动员和普通大学生的对照中,运动员的深度知觉好于普通大学生,这表明训练可以提高个体深度知觉阈值。

表 3.5　不同照度对被试者深度知觉的影响

组别	照度	$\overline{X}$-1200lx	$\overline{X}$-950lx	$\overline{X}$-750lx	$\overline{X}$-550lx	$\overline{X}$-350lx	$\overline{X}$-150lx
篮球运动员	50lx(3.50)	2.50 * *	2.49 * *	2.12 * *	1.90 * *	1.09 * *	0.59
	150lx(2.91)	1.91 * *	1.90 * *	1.53 * *	1.31 * *	0.5 *	
	350lx(2.41)	1.41 * *	1.40 * *	1.03 * *	0.81 *		
	550lx(1.60)	0.60 *	0.59 *	0.22			
	750lx(1.38)	0.38	0.37				
	950lx(1.01)	0.01					
	1200lx(1.00)						

组别	照度	$\bar{X}$-1200lx	$\bar{X}$-950lx	$\bar{X}$-750lx	$\bar{X}$-550lx	$\bar{X}$-350lx	$\bar{X}$-150lx
普通大学生	50lx(4.76)	3.34 **	3.25 **	2.39 **	2.18 **	1.53 **	1.07 **
	150lx(3.69)	2.27 **	2.18 **	1.32 **	1.11 **	0.46	
	350lx(3.23)	1.81 **	1.72 **	0.86 **	0.65		
	550lx(2.58)	1.16 **	1.07 **	0.21			
	750lx(2.37)	0.95 *	0.86 *				
	950lx(1.51)	0.09					
	1200lx(1.42)						

注：* 表示 $P<0.05$

* * 表示 $P<0.01$

2. 速度知觉

速度知觉属于运动知觉,是深度知觉和时间知觉共同作用的产物,是指人对运动物体速度的判断。低环境照度影响个体对深度的感知,加上低照度环境下可视参照物的缺失,自然会影响个体对速度的感知。夜间航行过程中其他船舶/物标相对本船的距离和速度是决定船舶操纵避让保障船舶航行安全最基本和最关键的依据。目前,水上领域对夜间环境照度与个体深度知觉间的关系的研究基本处于空白,但是道路交通领域有较为丰富的研究成果可供参考。国外学者曾采用实测的方法,对 1029 名驾驶员在不同照度下的行车速度进行观测,通过对比实际车速和被试驾驶员感知速度发现,环境照度不足时大部分被试驾驶员有超速行为,且自我感知速度低于实际速度。夜间有限的照明条件会使驾驶员产生车辆行驶速度不快的错觉,即低照度下驾驶员对速度的感知能力下降。

3.3.3 夜晚生理节律对身心的影响

1. 夜间疲劳

人类的众多行为和生理现象如觉醒、血压、心率、体温等都具有昼夜周期性,这种每间隔大约 24 小时重复一次的生理现象称为生理节律。生理节律是人类在长期进化的过程中保存下来的适应性特征,这些节律可以随着外界环境(比如环境照度)的改变而改变,当人体受到光照时,人体内的生物钟系统将导引并启动从光信号到生理信号的连锁放大过程,从而调节人的行为和生理活动,影响人体的生理节律。

有研究表明,驾引人员夜间操纵船舶比白天更加容易产生疲劳,疲劳会影响驾引人员的警觉性,并增加精神负担,从而进一步增大事故风险。针对疲劳的研究中,大多用量表作为测量工具,常见的有 Epworth 嗜睡量表、职业疲劳/体力恢复量表(OFER)。

LNG 船舶夜间进出港和靠离泊作业时的生理节律与白天工作时的生理节律有很大的不同。有研究表明:在夜间驾引人员的生理机能活动程度很低,工作能力大大下降,从 18 点开始下降至次日凌晨 3 点,达到工作能力的谷值,此时驾引人员会感觉非常困乏,难以正常工作。此外,在夜间测试海员机体功能指标的实验结果表明:夜间驾引人员的选择反应时和简单反应时延长,完成相关测验的准确性下降,肌肉静态的耐力降低,常出现神经紧张性反应。这表明夜间驾引人员的中枢和植物神经系统的抑制过程增强,机体功能受抑制,工作能力变差。有资料指出,夜间驾引人员的生理和心理功能以及职业工作能力下降,这也是此时发生较多水上交通事故的原因之一。此外,通过统计以往水上交通资料发现,夜间的值班时间与发生水上交通事故的次数之间存在明显的正相关关系,夜间工作的最后时段(航行期间一般为第四个小时,进港过程一般为靠泊阶段),发生水上交通事故的次数最多。

通过研究人体生理节律的个体特点发现,个体间生理节律特点的差异很大,总体而言生理节律有三种类型:第一种生理节律个体早上工作能力较强,称为早上型或"百灵鸟";第二种生理节律个体夜间工作能力较强,称为夜间型或"猫头鹰";第三种生理节律个体称中间型或不定型。对于夜间型和多数中间型的人,基本上能适应 LNG 船舶夜间进出港和靠离泊作业。早上型的个体相对难以应付夜间作业,他们在夜间往往出现大量适应性破坏的现象。研究人员对从事不同专业的大量海员进行观察后发现,多数海员(87.4%)对夜间工作表现消极,感到很困倦,属于早上型。只有12.6%的人认为夜间工作不比白天工作劳累,属于夜间型。进一步研究表明,在消极地对待夜间工作的人中,对不同的夜间工作时间有不同的反应。22%的人较愿意在深夜1~2点工作,17.3%的人则喜欢在清晨5~6点工作。但是,所有的人都不愿意在深夜3~4点工作,此时,所有的人都自我感觉最差且容易疲劳,相应的工作能力也最差。

此外,若白天和夜间安排不同批次的驾引人员完成 LNG 船舶的进出港和靠离泊作业,夜班的驾引人员在经过一段时间的适应后可以形成新的昼夜节律,夜间工作能力指标获得改善,可以胜任 LNG 船舶夜间进出港和靠离泊作业的要求。然而,这并不意味着可以忽视夜间工作对驾引人员生理节律的影响,而应更加认真对待。

2. 情绪状态

驾引人员接到夜航任务后,如果受到不良心理情绪诱因的干扰,将会直接影响夜航操作安全。不良的心理情绪诱因有多种,现有研究人员给出了与引航员心理情绪关系密切的几类诱因(图3.9)。

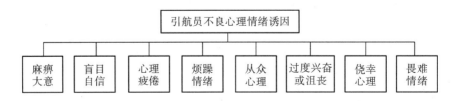

图 3.9 与引航员影响关系密切的情绪诱因

以引航员为例,当心情愉快时能感到心理舒适,对事物和夜航局面的判断具有积极的促进作用,通常表现为感受力强、勤于观察、反应迅速、判断准确、指令清晰,有利于夜航安全。反之,若产生忧愁、恐惧、苦恼等情绪时,则感受力容易下降、精力分散、反应迟钝,易出现判断失误等不良行为。比如:麻痹大意、盲目自信的心理就容易导致引航员对引航过程中的困难和风险估计不足或者对已知的风险因过于自信而不采取相应的防范措施;具有心理疲倦、过度兴奋或沮丧、情绪烦躁的引航员,在夜间引领船舶时,通常会对临近的危险视而不见或者无法及时感知,导致无法及时采取措施规避危险;具有畏难情绪的心理通常体现在资历较浅或者对引航任务准备不充分的引航员身上,这些引航员通常会表现出过度紧张的心理。这些不良的心理情绪,通常会导致引航员在引领过程中,对周围环境反应迟钝或反应过度,不易感知风险,对态势的判断失去专业水准,直接造成引领工作陷入困难(见表 3.6 中的对比数据)。

表 3.6　海员不同情绪状态下的行为准确性对比

情绪状态	某一动作次数	无效动作次数	看错次数
着急紧张时	20.7	15.4	4.2
情绪正常时	6.7	1.6	0.2

反之,长期或短暂的夜间工作也容易引起人的心理问题,特别是情绪问题。已有研究表明,睡眠障碍与情绪异常表现出很高的共病水平,但尚不清楚睡眠问题与情绪异常的因果关系。与正常睡眠相比,剥夺睡眠会增强主观威胁预期,这种增强危险敏感性的表现可能与焦虑情绪存在关联。剥夺睡眠会对个体的自我行为和情感调节产生负面影响,使个体对负面刺激的反应增加(例如引航员将中性刺激识别为情绪效价更高的刺激,从而做出激进的决策),寻求奖励的行为增加以及情绪抑制,导致负性情绪增加,正性情绪下降,情绪记忆受损,使信任、同理心和幽默感降低。

3. 精神负荷

精神负荷过高会造成船员、引航员获取无效的通航相关信息,从而影响其驾驶、引航决策和操控行为,增加航行风险,事故率也随之上升。认知心理学领域认为,人类的认知资源能力是有一定限度的,当他们在从事某项心理活动时,这种限度会迫使人类将有限的认知资源能力有控制地分配到不同的时空场景和活动中去。在执行驾驶、引航的操作过程中,如果驾驶员参与更多的任务操作活动,就会造成对脑力认知负荷的增加以及对过多认知资源的精力耗费,这种现象会导致船员、引航员对其环境周边信息的脑处理能力的下降,进而对航行安全造成一定的干扰。

目前尚未有研究者对船员、引航员航行过程中的精神负荷进行研究,但是已有的道路驾驶人精神负荷研究结果表明,当驾驶人进行主从驾驶任务时,非驾驶任务(语音、计算、对话)对驾驶员会产生心理刺激,进而反映在脑电波的 α、β、θ、δ 四个脑电波频中。现有实验结果表明:脑电 β 波值、脑电 δ 波的变化是随着主从任务的出现以及主从任务的难度增大而变化的。在这个过程当中,驾驶员的疲劳程度增加,且其兴奋度也随着任务的增多而越来越低,说明在主从驾驶过程中,非驾驶任务对于人的大脑精神负荷的影响(主要是对事物的判断和感知力上)在一定的程度上更显著。β/α 值在夜间驾驶任务时,随着主从任务的出现其降低的幅度比白天更多,说明在夜间环境下从事主从任务驾驶阶段对于驾驶员生理的影响比白天更严重,尤其体现在对外界驾驶环境的感知和驾驶员自身的生理疲劳中。驾驶人脑电指标均值见表 3.7。

表 3.7 驾驶人脑电指标均值

(a)脑电指标均值(白天)

生理指标	单一驾驶	主从任务 1	主从任务 2
脑电 β 波功率谱密度积分/10^{-4}	1.6	2.3	4.1
脑电波 β/α 值	1.6	1.53	1.74
脑电 δ 波功率谱密度积分/10^{-3}	2.36	2.47	8.8

(b)脑电指标均值(夜间)

生理指标	单一驾驶	主从任务 1	主从任务 2
脑电 β 波功率谱密度积分/10^{-4}	0.8	1.0	4.0
脑电波 β/α 值	2.67	1.47	1.20
脑电 δ 波功率谱密度积分/10^{-3}	4.69	5.14	5.26

4   LNG 船舶夜航实验流程及示例

从第 3 章分析结果来看,人为因素是导致 LNG 船舶事故的主要因素。LNG 船舶夜航是夜航作业人员(包括 LNG 船舶驾引人员、辅助拖轮船员、码头作业人员等)通过视觉、听觉、知觉等系统获取环境信息并依据获取的信息做出决策并付诸实践的行为过程。在此过程中依靠视觉获取的信息量占据总信息量的 80%。根据第 3 章的分析,相较于白天,夜间环境照度差,作业人员的视力,对物标大小、相对距离、速度的感知等视觉绩效均受到影响,可能造成作业人员依据不完善或失真的视觉瞭望信息做出错误行为决策,影响 LNG 船舶夜航安全。除此以外,夜间作业人员生理节律下降以及心理压力变化也会直接影响 LNG 船舶夜航作业人员的决策和行动,从而影响 LNG 船舶的夜航安全。

水上、道路、航空领域的相关研究以及日常生活经验均表明夜间作业环境会对驾驶行为造成不利影响,但很难对这种不利影响进行量化,尤其在水上交通领域这部分研究基本处于空白。如不能量化夜间作业环境的不利影响就难以对 LNG 船舶的夜航风险做出准确评价。因此,需要通过科学实验的方法测量夜间作业环境对 LNG 船舶驾引人员驾引行为的影响,以便开展 LNG 船舶夜航安全评估的定性和定量分析。

4.1   实验概况

LNG 船舶夜航实验由物理实验、船舶操纵模拟实验和实船实验三个部分组成。

4.1.1   物理实验

人类基于内在模型对外部视觉线索进行选择性的表征加工与整合利用,在此基础上建构视知觉空间,即视觉绩效是个体在外界客观环境基础上形成的心理认知和感受。物理实验借助心理测量实验仪器从 LNG 船舶夜航作业人员行为的内禀属性出发,研究夜间作业环境是如何以及在多大程度上影响 LNG 船舶夜航作业安全。

4.1.2   船舶操纵模拟实验

船舶操纵模拟实验是借助全任务大型船舶操纵模拟器,模拟使用指定类型的船舶,按照符合实际航行操作惯例的方案,对港航工程进行计算机模拟实验操作。通过船舶操纵模拟试验可以了解特定模拟环境条件下,船舶航行及靠离泊作业的相关试验数据,通过统计、分析和研究这些试验数据,可以检验设计部门的设计方案的可操作性,可为相关管理部门提供决策依据和建设性意见,也可为操作者提供适应性培训,特别是对于 LNG 船舶初次在夜间进出港和靠离泊,通过适应性培训为引航员熟悉和积累相关的操作经验。此外,还可以通过仿真建模的方式在操纵模拟器上还原实际 LNG 船舶夜航环境,并根据物理实验结果设置不同的作业场景,通过被试对象在不同场景下的模拟操纵结果,从宏观角度分析夜航环境对被试对象船舶操纵能力的具体影响。

4.1.3　实船实验

由于物理实验和操纵模拟实验均是在实验室环境下进行,与船舶实际航行作业环境存在一定的差异,实验结果较实际也将存在一定的差异。为了研究实际夜航环境对 LNG 船舶作业的影响,需要借助实际船舶航行作业环境以及实际参与作业的船舶开展的实船实验,见表 4.1。

表 4.1　实船实验目的和测试指标选择

试验目的	一级指标	二级指标	测量仪器	指标选取意义
测试驾驶员白天和夜间操作习惯、感知能力、生理状态和心理状态的差异	船舶轨迹	与浮标的最近距离	RTK	测试不同照度条件下操作习惯的差异
		与码头的最近距离	RTK	测试不同照度条件下操作习惯的差异
		转向时机	RTK	测试不同照度条件下操作习惯的差异
		转向加速度	RTK	测试不同照度条件下操作习惯的差异
		转向角速度	RTK	测试不同照度条件下操作习惯的差异
		转向时间	RTK	测试不同照度条件下操作习惯的差异
		动舵次数	RTK	测试不同照度条件下操作习惯的差异
		动舵持续时间	RTK	测试不同照度条件下操作习惯的差异
		船舶速度	RTK	测试不同照度条件下操作习惯的差异
		船舶加速度	RTK	测试不同照度条件下操作习惯的差异
	脑电波动	α、δ、β、θ 和 γ 的波动幅度	脑电仪、船上其他辅助物品	测试不同照度条件下心理(情绪、疲劳、注意力等)状态的差异
		α、δ、β、θ 和 γ 的波动持续时间	脑电仪、船上其他辅助物品	测试不同照度条件下心理(情绪、疲劳、注意力等)状态的差异
	感知能力	感知信息获取途径	以船上监控视频为主,配合便携 DV 摄录视频	测试不同照度条件下驾驶员感知信息获取渠道及分配

续表 4.1

试验目的	一级指标	二级指标	测量仪器	指标选取意义
测试驾驶员白天和夜间操作习惯、感知能力、生理状态和心理状态的差异	感知能力	速度知觉	船上 AIS	测试不同照度条件下驾驶员对本船与目标相对速度的感知能力
		深度知觉	船上 AIS	测试不同条件下驾驶员对本船与目标相对距离的感知能力
		大小常性	登录船讯网的手机	测试不同条件下驾驶员对远处物标大小和面积的感知能力
	环境条件	驾驶室内照度	照度计	测试室内照度的差异
		驾驶室外照度	照度计	测试室外照度的差异

4.2   物理实验及示例

LNG 船舶夜间航行与白天航行的主要区别是光线照度的不同和生理节律的区别，因此将被试个人生理、心理体征（包括视觉、听觉、知觉）在不同生理节律（白天、夜间）和不同照度条件（光照充足、昏暗交替、光照昏暗）下的变化作为本实验的主要研究目标，筛选出可能对船员夜间行驶的主要影响因素，便于在模拟实验和实船实验中有的放矢，聚焦主要影响要素的分析。

物理实验主要包含两种变量：光线照度和被试生理节律。其中，光线照度是通过不透光的遮光窗帘封闭实验区域，然后借助光照强度可变的灯光调节并模拟白天、夜间和晨昏交替的实验环境；被试生理节律是让被试分别在白天和夜间完成实验，体现真实工作时间下的生理节律，研究在不同生理节律下各自变量对因变量的作用效果。

本节选取了 LNG 船舶夜航期间，影响驾引人员船舶操纵和指挥行为的部分生理/心理指标（深度知觉、速度知觉、大小恒常性、反应时等），借助物理试验设备开展相关试验，试验期间配套设计相关调查问卷，以便分别从主观和客观角度研究被试人员在不同照度下的相应指标变化情况。

物理实验主要包含 4 组实验，实验目的和实验指标见表 4.2。

表 4.2   物理实验目的和实验指标

实验名称	实验目的	测试指标	指标选取意义
反应时测试	测试驾引人员在不同照度条件下各类型反应的机敏性	灯光反应时间、(红、黄、蓝、绿)颜色反应时间和正确率、声音反应时间	LNG 船舶夜航过程中需要驾引人员快速对外界声、光颜色做出反应，做出反应的时间快慢和准确度高低直接关系到作业安全和作业效果

续表 4.2

实验名称	实验目的	测试指标	指标选取意义
速度知觉测试	测试驾引人员在不同照度条件下的速度知觉准确性	(快/慢)速度判断准确性误差	LNG 船舶夜航过程中需要驾引人员能凭借目视瞭望准确判断本船、他船及其他物标的相对速度,速度知觉对船舶避碰、拖轮靠大船以及船舶靠码头具有重要影响
深度知觉测试	测试驾引人员在不同照度条件下的深度知觉准确性	深度判断准确性误差	LNG 船舶夜航过程中需要驾引人员能凭借目视瞭望准确判断本船与他船及其他物标的距离,深度知觉在靠离泊、拖轮系缆、解缆过程中具有重要影响
大小恒常性测试	测试驾引人员在不同照度条件下的大小恒常性水平	不同距离下的大小恒常性判断误差	LNG 船舶夜航过程中需要驾引人员凭借目视瞭望判断远处物标的大小及面积,大小恒常性对驾引人员目标观测和目标识别具有重要影响

4.2.1　物理实验要求及介绍

1. 场地要求

设置对应指标的心理实验场地,要求实验场地尽量安静,能够自主控制光照条件,无噪声及额外光线照度变化干扰,且温度、湿度适宜。

2. 被试对象要求

招募多名不同年龄段和不同工龄的 LNG 船舶引航员、拖轮船长、拖轮船员、LNG 船长、LNG 船员以及具有航海背景的学生。被试人员要求身体健康,无不良嗜好,精神状态良好,双眼裸眼视力或矫正视力均达到 4.9 以上,无散光,无眼疾或视觉缺陷如白内障、色盲、色弱等。所有被试人员在参加实验前均排除不规律熬夜、酗酒等其他造成视觉疲劳的因素,保证参加测试期间精神状态良好。

3. 实验设备推荐

物理实验设备应提前购置并安放在实验室规定位置,安放原则以实验次序和实验方便为准。其中,反应时测定仪、深度知觉测试仪、空间知觉测试仪、速度知觉测试仪、注意力集中测试仪以及注意分配仪需要摆放在桌子上,且方便连接供电插座,每张桌子旁边需要放置供主试和被试坐的椅子。大小恒常性测定仪需要摆放在地上,且实验有距离要求(11m),因此需要实验室纵深宽度超过 12m。

图 4.1　EP209 视觉反应时测定仪

(1)反应时测试设备

实验采用 EP209 视觉反应时测定仪,如图 4.1 所示。

通过测试不同环境照度和生理节律条件下被试面对不同声光的反应速度,得出相应的反应时结果。

(2)深度知觉测试设备

实验采用 EP503A 深度知觉测试仪,如图 4.2 所示。

图 4.2　EP503A 深度知觉测试仪

测试不同环境照度和生理节律条件下被试的深度知觉感知能力,得到相应的测试结果。原先设备有外壳遮蔽环境光线,而内部灯管照射下,环境照度昏暗(夜间)可以让被试更加集中注意力,捕捉更多深度线索,因此实验结果可能存在较大误差,需对深度知觉测试仪器进行简单改装,拆掉外壳和灯管,引入环境光线。

图 4.3　EP509 速度知觉测试仪

(3)速度知觉测试设备

实验采用 EP509 速度知觉测试仪,如图 4.3 所示。

测试不同环境照度和生理节律条件下被试的速度知觉感知能力,得到相应的测试结果。原先设备移动光点的亮度不变,夜间条件下光点与环境照度的对比度更高,移动效果更加明显。因此,夜间组实验前用塑料薄膜覆盖仪器小光点,降低夜间实验的灯光对比度。

图 4.4　EP510 大小恒常性测定仪

(4)大小恒常性测试设备

实验采用 EP510 大小恒常性测定仪,如图 4.4 所示。

测试不同环境照度和生理节律条件下被试对不同距离下物体大小的感知能力,从而得到相应的测试结果。

4.2.2　实验流程设计

1.反应时测试实验

反应时测试包括声音反应时测试、灯光反应时测试和色彩反应时测试三个部分,要求被试在每种实验条件下各完成 40 次声光刺激实验。

请被试坐在测试仪前,主试进行实验引导,如:

这是一个听觉反应时的测试,实验开始前,请将手指按下反应键盘 4 个按钮的任意一个。实验开始后仪器将自动呈现声音刺激,在声音刺激出现时,手指放开按键,随后再按下按键至下一次声音刺激出现时再松开,直至实验结束(蜂鸣器自动响 1s)。

正式开始实验前请被试熟悉实验设备和实验流程,待被试准备充分后,正式开始实验,主试记录下正式实验的反应时间。此外,考虑到实验设备的按键不可主动发光,被试手中的应答器在夜间难以看清对应颜色,因此要求被试熟练记忆按键颜色及分布,不同光照下的颜色反应时实验均需要被试"盲按"。

2.深度知觉测试实验

要求被试在每种实验条件下各完成 20 次深度知觉测试实验。首先,主试向被试讲解仪器的相关操作,并给 3min 时间供被试熟悉仪器。被试坐于离标准刺激 2m 处,使双目或单目与观察窗成水平位置,主试对实验进行引导:

这是一个测试深度知觉的实验,实验开始后请观察观察窗内的标准刺激与比较刺激的位置,并操作遥控键使比较刺激与标准刺激三点成一直线,调整好后向主试报告。

正式开始实验前请被试熟悉实验设备和实验流程,待被试准备充分后,正式开始实验,主试从标尺记录中观察被试的测定误差及操作时间。

3.速度知觉测试实验

实验过程中被试需在不同实验条件下分别完成速度快/慢和位置远/近 4 组实验,每组重复进行 10 次。首先,主试向被试讲解仪器相关操作,并给予 3min 时间熟悉设备。主试设置好仪器实验参数后,对被试进行引导:

这是一个测试速度知觉的实验,实验开始后,灯光将自右向左移动,仔细观察光点移动速度,当光点进入挡板灯光被挡住,请设想灯光以原速到终点位置的时间,并按下反应键。

正式开始实验前请被试熟悉实验设备和实验流程,待被试准备充分后,正式开始实验,主试记录计时器数值。

4.大小恒常性测试实验

实验过程中被试需在不同实验条件下完成不同距离的 10 次实验。主试向被试讲解实验过程并给予被试 3min 时间熟悉仪器。实验开始前,主试取一大小,恒常性测量仪调节到一定高度(与被试眼睛高低一致)然后调节三角形高旋钮至某一高度后放至与被试距离 3m/7m/9m 的地方。主试对实验进行引导:

这是一个测量大小常性的实验,请被试注意正前方屏幕上三角形的大小,并照此大小调节被试手边的测量器,直到被试主观感知到一样大小为止。

正式开始实验前请被试熟悉实验设备和实验流程,待被试准备充分后,正式开始实验,主试根据两个仪器上三角形高度的数值算出被试的测量误差并记录。

4.2.3　主观问卷设计

由于物理实验设备测试重点在于测试被试在不同光照和时间下的客观能力,因此设计调查问卷,旨在调查被试在不同条件下的主观感受,该结果可以联合客观测试结果进行综合分析,以期获得更加完整的实验结果。物理实验的问卷应按照子实验分类,让被试在子实验结束后立即填写对应模块的问卷题目。如,被试完成反应时测定后,应在进行暗适应测试等候区填写有关反应时测试的问卷题目。

问卷设计应根据 LNG 船舶夜航操纵的实际要求,立足驾引人员船舶操纵关键问题,

采用李克特问卷设计方法设计相应问卷,如:

反应时是指机体从接受刺激到做出反应动作所需的时间,也就是从刺激到反应之间的时距。刺激引起了感觉器官的活动,经由神经系统传递给大脑,经过加工,再从大脑传递给效应器,作用于外界的某种客体。主要反映人体神经与肌肉系统的协调性和快速反应能力。本次实验主要测试声光和视觉刺激对反应时的影响。

(1)您觉得在休息充足的前提下,白天的声音及光线和夜晚的声音及光线对反应时的影响有差别吗?

差别非常大、差别较大、差别一般、差别较小、差别非常小

(2)您觉得环境照度(照度是用于指示光照的强弱和物体表面积被照明程度的量)的不同是否会影响反应时?

影响非常大、影响较大、影响一般、影响较小、影响非常小

(3)您觉得反应时对夜间航行船舶操纵的总体影响有多大?

影响非常大、影响较大、影响一般、影响较小、影响非常小

(4)您觉得反应时对夜间航行瞭望的影响有多大?

影响非常大、影响较大、影响一般、影响较小、影响非常小

(5)您觉得反应时对夜间航行观察设备仪表的影响有多大?

影响非常大、影响较大、影响一般、影响较小、影响非常小

(6)您觉得反应时对夜间航行操作舵轮的影响有多大?

影响非常大、影响较大、影响一般、影响较小、影响非常小

(7)您觉得反应时对夜间航行控制车钟的影响有多大?

影响非常大、影响较大、影响一般、影响较小、影响非常小

(8)您觉得反应时对夜间航行时船舶操纵过程中影响较大的环节是什么?

解缆离泊、接引航员登艇(如有)、目标识别、目标观测、目测定位、避让他船、判断距离、判断速度、观察大船动态、靠近大船、带缆(含绞缆)、送引航员上船(如有)、编队护航、拖带作业、顶推作业、解缆作业、领会引航员意图、接引航员下船(如有)、靠泊系缆、抛锚警戒、送引航员上岸(如有)、其他

问卷可采用问卷星(线上电子问卷)、纸质版等不同形式发放,以方便被试填写。

4.2.4 物理实验主要结论

深度知觉测试、速度知觉测试的第一次实验结果与实际经验相悖,通过调整实验仪器后开始取得具备一致性的实验结果;反应时测试的第一次实验结果也与实际经验相悖,通过调整实验流程后也开始取得具备一致性的实验结果。

综合 5 次物理实验的结果可以得到被试在不同照度条件下的客观深度知觉能力、速度知觉能力、大小常性能力、颜色反应时、声音反应时和灯光反应时。结合问卷调查结果,可以得到被试主观感受,对比后可以得到以下实验结论:

（1）被试在夜间的深度知觉、速度知觉、大小恒常性和声音反应时更差，随着环境照度的提升，上述指标随之变好；

（2）被试在夜间的灯光反应时和颜色反应时更好，随着环境照度的提升，上述指标随之变差；

（3）通过提升环境照度，可以有效提升被试的深度知觉、速度知觉、大小恒常性和声音反应时；

（4）一线工作人员（拖轮驾驶员、引航员、LNG 船员和其他社会船员等）实践经历较多，其深度知觉、速度知觉和大小恒常性感知能力强于在校学生，即通过增加针对性的训练，可以有效克服环境照度对上述指标的影响；

（5）大部分被试认为环境照度会对反应时、深度知觉、速度知觉和大小恒常性判断造成较大影响，并认为上述视觉绩效会对离泊解缆、目标识别、目标观测、目标定位、避让他船和判断距离这六个过程产生影响，与物理实验结果相符。

4.3　船舶操纵模拟实验及示例

4.3.1　船舶操纵模拟实验的必要性

应用船舶操纵模拟器对港航工程进行仿真研究是借助于船舶操纵模拟器模拟使用不同类型的船舶，按照符合实际航行操作惯例的方案，对港航工程进行计算机仿真模拟操作，通过在港航工程所需的当地水域内的操纵模拟。可以了解在所模拟环境下，船舶航行及靠离泊等作业阶段所关心的相关数据，通过统计、分析和研究这些数据，可以检验设计部门设计方案（如 LNG 船舶夜航方案）的可操作性，同时也可为相关管理部门提供决策依据和建设性意见。据有关资料统计，模拟器在国内外的许多港航工程的仿真模拟方面得到了广泛应用，并起到了相当重要的作用。

为确保 LNG 船舶夜间进出港及靠离泊的顺利进行，进行 LNG 船舶夜航模拟试验具有重要意义。通过模拟试验，进行船舶在风、浪、流等各种工况环境下的模拟操纵，了解各种环境条件下进出港及靠离泊安全情况，制定科学的夜间进出目标港口及靠离泊模式和控制标准，对指导 LNG 码头安全靠离船舶具有重要意义。

4.3.2　LNG 船舶夜航操纵模拟实验场地及配套设施标准

如图 4.5 所示为 LNG 船舶夜航模拟操纵试验场地配置参考。如图 4.6 所示为模拟操纵实验主本船。

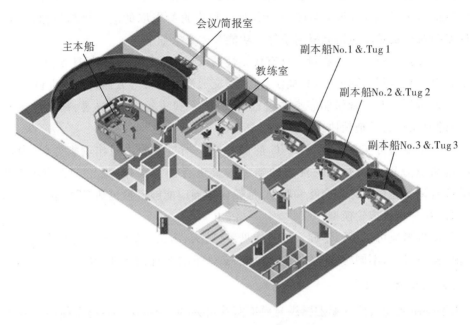

图 4.5　LNG 船舶夜航模拟操纵试验场地配置参考

图 4.6　LNG 船舶夜航模拟操纵实验主本船

4.3.3　LNG 船舶夜航操纵模拟实验要求及介绍

4.3.3.1　船舶操纵模拟器功能标准

1. 功能要求

全任务大型船舶操纵模拟器应可以根据工程需要对工程水域自然环境、交通流、操纵限制条件等方面内容进行针对性建模,同时大型船舶操纵模拟器还需便于对港口、航道进行评估,并可以方便地让用户了解指定 LNG 船舶操纵性能及指定水域航行操纵方法。

　　模拟器还应具备突发事故的应急仿真功能,例如在突发拖轮故障,船舶主机、舵机故障等情况下,为了确保 LNG 船舶安全引航员和拖轮所采取的应急操纵模拟,从而明确 LNG 船舶航行及靠离泊操纵限制条件。功能具体要求如下:

　　(1)模拟器应建有一定数量的具有代表性的 LNG 码头视景模型,且该模型应具备准确的、符合工程位置实际的水深、潮汐、风、流、交通流及港口等方面的数据资料;

　　(2)模拟器应能实现船舶靠离泊过程中,突发主机失控、舵机失灵、拖轮故障等紧急情况下的船舶操纵及拖轮协助操纵模拟;

　　(3)模拟器需可实现拖轮与 LNG 船舶在同一场景下的协同作业能力,其中拖轮和 LNG 船舶应分别由具有相关资质的驾引人员进行独立操作,拖轮与 LNG 船舶可用 VHF 或对讲机通信以达到交互和联动,拖轮模拟器应能够模拟包括 CPP 型、VSP 型和 Z 型在内的几种主流拖轮模型;

　　(4)模拟器应可以模拟不同天气及能见度(晴天、多云、阴天、雾、雨、雪等)、不同海况(风、浪、涌、流等)、不同时间(昼夜连续可变)条件下的航行、操纵模拟。

　　2. 系统要求

　　为了满足液化天然气船舶操纵与模拟实验研究的需要,模拟系统必须满足以下几方面需求:

　　(1)最新的环境数据(风和浪):

　　①该区域的历史风、浪数据和从航路指南中获得的数据;

　　②5 年或 10 年内获得的涌浪和风谱信息。

　　(2)最新的水位数据:

　　①潮汐信息;

　　②水流(流向、潮汐周期动态);

　　③波浪(当地浪高、周期和方向);

　　④风(当地风速、阵风情况)。

　　(3)工程水域的地形

　　(4)泊位和航道的最新水深扫测数据

　　(5)港口建筑物

　　仿真模型必需包括:灯标、航浮标等导助航标识和其他港口标志性视觉建筑物。

　　(6)船舶的水动力模型和它们的符合各自船舶类型及大小的数字模型需要包括但不局限于以下几点:

　　①操纵性能(转向能力/旋回圈/停车/惯性距离等);

　　②船舶特性;

　　③速度及匹配的额定转速。

　　(7)与模拟码头实际情况相匹配的拖轮配置情况。

　　(8)关于软件部分,必需的基本要素包括:

　　①更新的船舶水动力系数;

②雷达图像显示；

③实时生成外部视野；

④仿真图像处理；

⑤获取交通信息的能力，包括 AIS 和雷达数据；

⑥允许多船协同作业，并能较好地反映出本船与其他交通流间的相互影响；

⑦改变/转换能见度条件；

⑧改变船舶吃水或改变富余水深；

⑨允许对不同位置的系统进行精确度和性能评估；

⑩引航员或船长必须保证在驾驶台或任一侧舷翼甲板具有良好的视野。例如，引航员或船长必须保证一定的视野范围，以确保在靠离泊作业时可以看到船头、船尾与泊位或其他建筑物的距离。

(9)引航员或船长在驾驶台所需的助航仪器和设备：

①雷达；

②电子海图（ECDIS）；

③显示船舶对地或对水前进速度和船首、船中、船尾横向速度；

④船速显示仪（对地速度）；

⑤相对风速和风向；

⑥船首向指示器；

⑦转向速率指示器；

⑧舵角指示器；

⑨测深仪；

⑩VHF 通信系统。

必需的舵角和主机控制装置包括：

①舵柄、舵杆或双舵控制；

②单或双主机车钟控制；

③首尾侧推器控制（Q 船 NA）；

④可调整的交互式控制操作台（如果需要）；

⑤转向速率的图像或数字显示单元；

⑥吃水的图像或数字显示单元；

⑦主机设置。

(10)拖船船长在提供的拖船上必须能够有能力控制现场操作并且能够通过模拟控制拖船状态。拖船位置和协助模式需要根据引航员或船长的指令通过模拟操作来控制，操作上与实际期望一致，操作延误与实际相符。

(11)精确度和实用性考虑

设计应符合特殊需要的要求，例如符合富余水深、助航设施的要求，以及对安全、可靠性和效率有影响的特殊疏浚水域的需求。这是对具有适当可视范围和一定处理透明度的精确度和实用性的高要求及用于仿真的模型的基础论证。

这些输入数据必须与当地环境的现场情况吻合。重要的或与精确度和现实意义有关的数据如下：

①流场、流态数据；

②海图信息；

③船舶大小及与其他航行器及环境的关系；

④航行定位系统；

⑤海洋环境变化（海洋气象数据）；

⑥能见度及其变化情况。

为了达到最接近实际的效果，最重要的是所用数据要尽可能地精确。一般来说，将统计数据、CAD 数据和海洋水文气象数据整合起来形成具有精确性和完整性的地理数据库是非常重要的。

4.3.3.2 LNG 代表船型及拖轮

1.常见液化天然气（LNG）船型（表 4.3 和表 4.4）

表 4.3 常见液化天然气船型尺度

LNG 船容量（船舶吨级）	总长 L/m	型宽 B/m	型深 H/m	满载吃水 T/m	备注
80000m³ LNG 船	239	40	26.8	11	
130000m³ LNG 船	298	47.2	27.5	11.8	
145000m³ LNG 船	292	43.35	26.25	11.45	
165000m³ LNG 船	298	46	26	11.5	
203000m³ LNG 船	335	51.5	29	12.0	Q-Flex 型
217000m³ LNG 船	315	50	27	12.0	Q-Flex 型
270000m³ LNG 船	345	55	27	12.0	Q-Max 船型

表 4.4 常见液化天然气船舶参数

外观	NTPro	发动机	设计功率/kW	艏侧推进器/kW	螺旋桨类型	航速/kn
	LNG1 (Dis. 81549t), bl.	Steam Turb.	1×26800	1×2000	FPP	21.2
	LNG1 (Dis. 108959t)	Steam Turb.	1×26800	1×2000	FPP	19.4

外观	NTPro	发动机	设计功率/kW	舷侧推进器/kW	螺旋桨类型	航速/kn
	LNG 2(Dis. 89634t)	Steam Turb.	1×26800	None	FPP	21.3
	LNG 3 (Dis. 142272t)	Diesel	2×14560	None	FPP	19.5
	LNG 4(Dis. 110710t)	Diesel	1×29420	1×2000	FPP	20.9
	LNG 5(Dis. 90000t),bl.	Diesel	2×14560	None	FPP	21
	LNG 6 (Dis. 171300t)	Diesel	2×17490	None	FPP	19.5
	LNG 7(Dis. 81549),bl.	Diesel	1×29900	1×2000	FPP	20
	LNG 7 (Dis. 124706t)	Diesel	1×29900	1×2000	FPP	19.5
	LNG Q-Flex balast load (Dis. 112060t)	Diesel	2×14560	None	FPP	21
	LNG Q-Flex full load (Dis. 142270t)	Diesel	2×14560	None	FPP	19.5
	LNG Q-Max ballast load (Dis,141990t)	Diesel	2×17490	None	FPP	19.5
	LNG Q-Max full load (Dis. 171290t)	Diesel	2×17490	None	FPP	19.5
	LPG1(Dis. 33089t),bl.	Diesel	1×8827	None	FPP	14

2.拖轮配备要求

(1)拖轮配置要求分析

LNG 船舶靠离泊时需由拖轮协助作业。拖轮所具有的拖力必须保证 LNG 船舶在允许最大风力、波浪作用下的安全靠离泊。根据 SIGTTO 的设计指南和国外 LNG 泊位的运营经验,大型的 LNG 船舶在靠泊时一般需要 4 艘拖轮,每艘拖轮的最小功率不小于 3000kW,离泊时需 3 艘拖轮协助;按照《液化天然气码头设计规范》(JTS 165-5—2021)的要求,液化天然气船舶靠泊时,可配置 4 艘拖船协助作业;液化天然气船舶离泊时,可配置 2 艘拖船协助作业。拖船的总功率应根据当地自然条件和船型等因素综合确定,且单船最小功率不应小于 3000kW。

表 4.5　拖船参数

外观	NTPro	发动机	设计功率	螺旋桨类型	航速/kn
	ASD tug 1(bp 53t)	Diesel	2×1566	Z-Drive	11.2
	ASD tug 2(bp 83t)	Diesel	2×2380	Z-Drive	13.5
	ASD tug 3(bp 70t)	Diesel	2×2400	Z-Drive	14.3
	Azimuth Tractor tug 1 (bp 77t)	Diesel	2×2350	Z-Drive	12
	Azimuth Tractor tug 3 (bp 77t)	Diesel	2×2350	Z-Drive	13.65
	Voith Schneider tug 1(bp 26t)	Diesel	2×885	VSP	12
	Voith Schneider tug 2(bp 55t)	Diesel	2×1965	VSP	13
	Voith Schneider tug 3 (bp 70t)	Diesel	2×2710	VSP	13
	Z-Drive tug 1 (bp 53t)	Diesel	2×1566	Z-Drive	12.5

外观	NTPro	发动机	设计功率	螺旋桨类型	航速/kn
	Z-Drive tug 2(bp 39t)	Diesel	2×1156	Z-Drive	9.5
	Z-Drive tug 3	Diesel	2×2380	Z-Drive	13
	Z-Drive tug 4(bp 44)	Diesel	2×1250	Z-Drive	13.5

（2）拖轮配置标准

①拖力、推力作用点

实际操作中,可根据实际情况按照下列原则确定拖轮带缆位置:需转向或调头时,为了获得最大的转船力矩,带缆位置应尽可能接近船首和(或)船尾;需平移时,为了获得最大的平移力,拖轮顶或拖的作用力方向应尽量与船舶首尾线垂直。

②拖力、推力作用方向

受船舶航行速度和拖轮操作等因素的影响,拖轮作用力的方向不可能始终垂直于船舶的首尾线,而这将影响运用拖轮的效率。因此,实际使用中应适当增加使用拖轮的总功率。

③人为因素的影响

操船人员对船舶运动状态的反应不一,会影响拖轮的最佳运用时机。另外,拖轮操作人员对引航员命令的执行情况也会影响拖轮的运用效果。

（3）拖轮马力及其数量

使用拖轮的数量应根据港口实际情况确定。除考虑船舶本身的运动所需拖轮功率外,还应考虑风、流和波浪的影响。船舶在航道航行、码头靠泊操作过程中,可能会有大角度转向调头回转,因此,其操作存在一定难度。特别在风大、流急的情况下,这种难度会大大增加。

考虑到 LNG 船舶夜航情况更为复杂,为提升 LNG 船夜航安全性,建议:夜间进港航行时布置 4 艘护航拖轮,夜间离泊出港时布置 3 艘护航拖轮(当 LNG 船舶船长超过300m 时布置 4 艘护航拖轮),将其中 1 艘拖轮作为夜间指挥拖轮,并在船上配备红外夜视仪,负责护航船队的指挥。此外,码头附近水域应安排 2 艘船艇(其中一艘清道护航兼应急照明,一艘安全应急)执行现场警戒和周边水域的清道护航任务。

拖船的总功率应根据当地自然条件和船型等因素综合确定,且单船最小功率不应小于 3000kW。

当液化天然气码头风、浪、流等作业条件复杂时,港作拖船的数量和总功率应根据液化天然气码头设计船型,通过模拟试验确定。

(4)拖轮配置方案

模拟试验中,各种情况下使用拖轮的方式不尽相同,这里给出的拖轮布置是较成功的试验结果,可作为实际参考。实际运用时,应根据实际情况确定拖轮的配置情况。

①左舷靠离泊

左舷靠离泊时拖轮的布置见图 4.7。

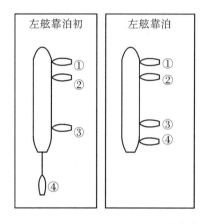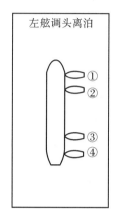

图 4.7   左舷靠离泊拖轮配置

船舶满载靠泊初期,4♯拖轮可带在船尾以协助大船降速,接近泊位时,船速已得到控制,4♯拖轮可移至右后,协助大船靠泊。

②右舷靠离泊

右舷靠离泊时拖轮的布置见图 4.8。

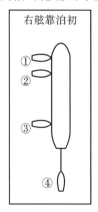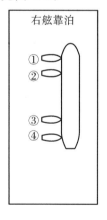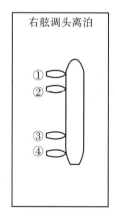

图 4.8   右舷靠离泊拖轮配置

船舶满载靠泊初期,4♯拖轮可带在船尾以协助 LNG 船舶降速,接近泊位时,船速已得到控制,4♯拖轮可移至左后,协助 LNG 船舶靠泊。

右舷离泊初期,可如图 4.8 所示左舷使用 4 艘拖轮协助,船舶离开码头后,也可根据当时的情况,将 2♯拖轮移至右首(不带缆顶推)协助船舶向左调头,转头力矩及拖轮顶推的力均可增加,转头效果较好。

③带拖轮的时机

船舶进港时,在航道入口处之前,应将船尾拖轮带妥,可协助 LNG 船舶降速。其他拖轮应在航道末端之前带妥。

4.3.4　LNG 船舶夜航模拟实验流程

4.3.4.1　实验准备

船舶操纵模拟实验需要提前对实验场景建模和调整参数(包括视景建模、船舶建模和参数调整等),并准备模拟实验所用的调查问卷。

1.建模资料清单

(1)码头前沿及旋回水域扫海资料(CAD 图);

(2)航道布置方案(CAD 图);

(3)码头平面布置方案(至少三个控制点经纬度坐标,另将平面布置方案增加到航道方案内);

(4)设计代表船型相关实船船舶手册(如有);

(5)工程区域气象观测资料(包括极端气象条件进行统计数据);

(6)工程水域波浪观测资料,波浪数模报告;

(7)潮流观测数据(大、中、小三个完整涨落周期),潮流数模报告;

(8)码头效果图。

2.船舶参数调整

为确保实验质量,视景建模、环境设置(风、浪、流)以及船舶建模完成后,最好请拖轮驾驶员、LNG 驾驶员和引航员使用模拟器进行预实验,感受模拟器中的船舶操纵体验是否与实船一致,若存在差异,需协助模拟器建模人员调整环境及船舶参数,直到与实船体验一致为止。

3.其他实验设备

船舶模拟实验除模拟器系统外,还需要使用脑电仪、照度仪、眼动仪,由于 5 名被试共同完成一组实验,最好使用 5 套相同的脑电仪和眼动仪。若没有足够的实验设备,可让每名被试循环使用,或单独测试某重要被试(如只测试拖轮驾驶员或 LNG 驾驶员),其余被试则采用摄像记录的方式。

4.3.4.2　正式实验

船舶模拟操纵实验分别测试被试在满月、半月和无月下的晴天、小雨和中雨环境条件下船舶操纵效果和对应状态下的反应时、知觉等心理能力。被试可以有一段时间熟悉适应船舶操纵模拟器的相关设备仪器以及操作,当被试准备就绪后告知主试可以开始实验。实验开始后,被试需要按照以往船舶实操经验操纵船舶模拟器并注意观察周边环境,尽量控制船舶保持沿航道边界的灯浮航行。航行区段一般为 LNG 船舶待泊锚地到码头前沿水域,应包括直线航道、弯曲航道、锚地和码头,航道交界处主试会提醒被试注意航道变化。船舶操纵模拟实验设置如下实验场景,这些场景中可能包括反应时测试或知觉测试项目等。

(1)请被试沿实际航道航行,在航道边界处设置"左红右绿"灯浮,航道分为直线航行区段和转弯航行区段两部分,用于测量被试船舶驾驶综合能力,其中穿插反应时实验和知觉测试等附加测试项目(具体测试项目应结合物理实验结果以及模拟器实际功能制订)。

(2)引航员指挥船舶靠离泊操作,用于测量被试指挥船舶靠离泊作业的能力,其中穿插反应时实验和知觉测试等附加测试项目(具体测试项目应结合物理实验结果以及模拟器实际功能制订)。

(3)两船相遇,用于测量被试对于相对距离和相对速度的感知能力。其中穿插反应时实验和知觉测试等附加测试项目(具体测试项目应结合物理实验结果以及模拟器实际功能制订)。

上述实验场景中,主试应有规律地询问被试当前操作目的(建议每隔 10 分钟询问一次),以便后期脑电实验结果的分析。

在反应时测试项目中,被试需要密切注意视景视窗,随时会有 1~2 个物标出现(如浮木、落水人员、救生圈)等,当被试发现目标时应迅速按下手边的号笛完成视觉反应时实验;被试也需要密切注意收听附近船舶号笛声音,当被试听到场景中有他船鸣放号笛时也应迅速按下手边的号笛以鸣放本船号笛,完成听觉反应时实验。反应时实验中每次被试都要尽可能按准,又要按得快。假如按错了键,被试不必改正,接着准备做下一模块的实验。

在知觉测试项目中,被试需要密切关注周围船舶、灯浮等物标的动态(位置、速度等信息)。实验开始时,主试会提前告知被试要进行知觉测试,当被试准备好后主试会暂停船舶操纵实验,此时被试应凭借感觉告诉主试附近某物标与被试船船桥的距离和相对速度,然后结束本模块实验,继续进行船舶操纵模拟实验。

船舶操纵模拟实验、知觉测试、反应时测试共有 9 组实验。

选择船舶航行轨迹、知觉和反应时作为因变量,选择测试时间、视景环境作为实验自变量,船舶航速、风浪流环境载荷以及周围干扰船舶作为控制变量。要求每位被试在各种对应的环境条件下各进行 2 次实验。

被试应在实验开始前仔细听懂主试实验讲解,弄懂实验意图,测试操纵仪器,准备就绪后请示主试开始实验。在听到实验开始的指令后,观察视景视窗、电子海图、雷达以及其他航行相关的仪器设备参数,找到并尽量保持沿灯浮航行,场景中的灯浮会出现在连续的直线航行区段和转向区段。本实验中教练室的教练员、主试人员除必要提醒和实验测试外不应干扰被试操作,以期获得被试最主观、真实的操作数据和航行数据。

主试在实验开始时应检查被试身体精神状态是否适合实验,防止被试精神疲惫,情绪紧张所导致的实验误差。然后跟被试讲解船舶模拟器的组成模块、操作原理、操作方法、注意事项和实验流程,确认被试是否听懂,让被试熟悉相关航海仪器的使用。一切就绪后,告知被试开始实验,重置模拟器状态后开始实验。实验过程中应关注以下几个方面:

(1)被试操作是否正确;

(2)被试是否熟悉实验操作;

(3)实验设备是否正常工作;

(4)直线航道区段过渡到转弯航道区段前应适当提示被试;

(5)观察并记录被试瞭望时所采用的手段(如视景视窗、雷达、AIS 或电子海图等)的频率和时长;

(6)观察并记录被试精神状况;

(7)其他需要关注的方面。

完成每次实验后让被试休息放松 10min(如果时间太短,效果不好,时间太长又拉低效率,因此暂定 10min,具体休息时间可以征询被试意见),让其始终处于轻松、舒适、清醒、平静的精神状态。考虑到实验组次较多,在实验休息间隙应适当安抚被试,防止其出现焦躁等负面情绪。待所有组次实验结束后,让被试填写设计出的问卷。

主试详细记录实验过程及实验结果,导出并保存船舶轨迹、航向、转向幅度等航行数据。借助 EXCEL 软件构建数据库分类保存数据,使用 SPSS 进行实证分析。分析内容包括某代表性个例情况、不同控制变量组内分析及组间分析等,将统计分析结果与物理实验结果进行对比。

LNG 船舶夜航操纵模拟实验流程如图 4.9 所示。

根据被试职业将所有被试按引航员、拖轮船长、拖轮驾驶员、LNG 船长、LNG 船员各 1 名分成 5 组。船舶模拟实验共包含 3 项实验场景,分别测试被试在不同光照和时间条件下的驾驶船舶沿浮标航行能力、指挥船舶靠离泊作业的能力和对于相对距离和相对速度的感知能力。考虑到模拟实验应尽量还原实船驾驶过程,因此将三个场景糅合到一组实验中,设置 LNG 船驶出锚地、引水登船、拖轮协助靠泊这一连续完整的过程为一组实验,每组实验测试一组被试(引航员、拖轮船长、拖轮驾驶员、LNG 船长、LNG 船员),共同配合完成一组模拟实验。

每组实验都需要设置环境照度以及时间节律等测试条件,因此需要使用相同的实验设备分别在白天组和夜晚组(控制时间节律)进行实验,实验环境的照度可由模拟器设置。

正式实验拟定每日一组被试完成全部实验,主试提前一天告知各被试分组及实验时间安排,在实验正式开始前告知被试实验目的、实验过程、实验时长以及实验设备的使用方法,签订实验协议,准备就绪后分别进入实验室指定位置(引航员、LNG 船长、LNG 驾驶员进入主本船,拖轮船长、拖轮驾驶员进入副本船),由主试帮助被试佩戴并调试眼动仪和脑电仪。考虑到一条 LNG 船舶进出港需要多条拖轮协助,可由教练站教练员根据

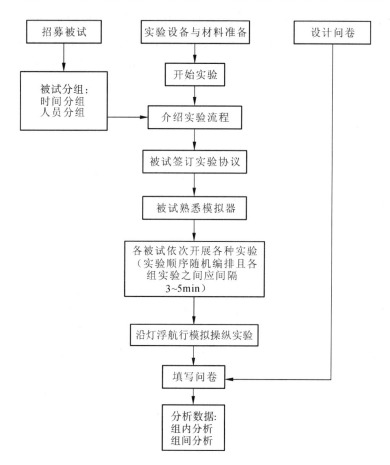

图 4.9　LNG 船舶夜航操纵模拟实验流程图

引航员指令操纵其余非实验拖轮。按照实验工况分别进行实验,当前组次实验(如满月晴天的船舶操纵实验)完成后可休息 3～5min,然后开始下一组次实验,依此类推,夜间实验以相同的方法进行。

　　主试应至少包括 5 人,其中 A 主试组织场外被试候场,期间应维持被试候场纪律,在被试叫号进入实验室前填写各被试人员信息,签订实验协议,告知此次实验目的、实验过程、实验时长以及实验设备使用方法。B 主试站在主本船中,通过叫号通知引航员、LNG 船长和 LNG 驾驶员进场实验。C 主试站在副本船中,通过叫号通知拖轮船长和拖轮驾驶员进场实验。B 主试和 C 主试应再次确定各被试身份信息、是否签订实验协议、各被试是否明确实验目的/过程/设备使用方法等,然后通知教练站备车,各被试开始实验,在进行知觉测试时,B 主试和 C 主试应通过对讲机商定实验开始时机,同时暂停模拟器,以确保实验同步。D 主试和 F 主试分别在主本船和副本船记录实验数据。

　　实验过程应尽量全程录制视频,以备后续调用查看。

　　LNG 船舶夜航及靠离泊作业期间,自然环境条件限制如下:

　　LNG 船舶夜间进港时,风力不宜超过 5 级;除应急撤离外,LNG 船舶夜间离港时,风力不宜超过 6 级;

LNG 船舶夜间进出港时，能见度应不小于 5km；

LNG 船舶夜间进出港时，24h 降雨量不超过 25mm（中雨）；

LNG 夜间靠离泊时，LNG 码头及码头附近水域照明条件应不低于《液化天然气码头设计规范》（JTS 165-5—2021）的要求。因此，应根据 LNG 船舶操纵的实际情况，结合码头环境，立足相关规范要求制定 LNG 船舶夜航模拟实验工况，并完成工况设计表（表 4.6）。

表 4.6　船舶夜航操纵模拟实验工况设计表（样表）

基本信息					
工况编号		标题		操纵模拟实验	
日期		时间		持续时间	
海区范围					
日志文件					
船舶模型					
主本船					
拖轮本船 1			拖轮本船 2		
拖轮本船 3			教练站		
环境设置					
风况			流速		
浪高			潮高		
能见度			模拟时间		
其他					
工况描述					
目的					
操作步骤					
注意事项					
潜在问题					
操作结论					
操作感悟					
操作轨迹					

如,依据水文气象站实测资料设置实验工况(表 4.7):

(1)风:常风向、强风向,进港风力≤5 级,出港风力≤6 级;

(2)降雨量:24h 内降雨不超过 25mm(中雨);

(3)雾:水平能见度不小于 5km;

(4)波浪:常浪向、强浪向,波高 1.5m,波浪周期 4s。

表 4.7 船舶操纵模拟实验工况设置

实验组次	实验内容	风向	风速	波向	波高/m	能见度/km
1	进港靠泊	E	5 级	SSE	1.5m	5km
2		E	5 级	SSW	1.5m	5km
3		SE	5 级	SSE	1.5m	5km
4		SE	5 级	SSW	1.5m	5km
5	离泊出港	E	6 级	SSE	1.5m	5km
6		E	6 级	SSW	1.5m	5km
7		SE	6 级	SSE	1.5m	5km
8		SE	6 级	SSW	1.5m	5km

4.3.5 实验指标

船舶操纵模拟实验目的和测试指标选择见表 4.8。

表 4.8 船舶操纵模拟实验目的和测试指标选择

试验目的	一级指标	二级指标	指标选取意义
测试驾引人员白天和夜间操作习惯、感知能力、生理状态和心理状态的差异	船舶轨迹	惯性余速	测试不同照度条件下操作习惯的差异
		抵泊横距	测试不同照度条件下操作习惯的差异
		入泊角度	测试不同照度条件下操作习惯的差异
		靠拢速度	测试不同照度条件下操作习惯的差异
		离泊动车时机	测试不同照度条件下操作习惯的差异
		动舵次数	测试不同照度条件下操作习惯的差异
		舵工回正时间	测试不同照度条件下操作习惯的差异
		船舶速度	测试不同照度条件下操作习惯的差异
	脑电波动	α、δ、β、θ、γ 波动幅度	测试不同照度条件下心理(情绪、疲劳、注意力等)状态的差异
		α、δ、β、θ、γ 波动持续时间	测试不同照度条件下心理(情绪、疲劳、注意力等)状态的差异
	感知能力	感知信息获取途径	测试不同照度条件下驾驶员感知信息获取渠道及分配

试验目的	一级指标	二级指标	指标选取意义
测试驾引人员白天和夜间操作习惯、感知能力、生理状态和心理状态的差异	感知能力	速度知觉	测试不同照度条件下驾驶员对本船与目标相对速度的感知能力
		深度知觉	测试不同条件下驾驶员对本船与目标相对距离的感知能力
		大小常性	测试不同条件下驾驶员对远处物标大小和面积的感知能力
	环境条件	驾驶室内照度	测试室内照度的差异
		驾驶室外照度	测试室外照度的差异

4.3.6 主观问卷设计

由于船舶模拟实验重点在于测试被试在不同光照和时间下的客观能力,因此设计调查问卷旨在调查被试在不同条件下的船舶操纵主观感受,该结果可以联合客观测试结果进行综合分析,可获得更加完整的实验结果。建议针对不同职业被试分别设计调查问卷,如拖轮驾驶员问卷、LNG 船员问卷、引航员问卷等。

拖轮驾驶员主观问卷设计样例如下:

Q1:您觉得在休息充足的前提下,白天和夜晚作业有差别吗?

○差别非常大 ○差别较大 ○差别一般 ○差别较小 ○差别非常小

Q2:您觉得(同为白天或同为夜间)环境照度的不同对您完成作业的影响程度?

○影响非常大 ○影响较大 ○影响一般 ○影响较小 ○影响非常小

Q3:请您对比一下白天和夜间完成作业体力消耗程度的差异:

○白天消耗更大 ○夜间消耗更大 ○无差别

若存在差异,请勾选二者差异程度:

○很大 ○较大 ○一般 ○较小 ○无差别

Q4:请您对比一下白天和夜间完成作业心理压力程度的差异:

○白天压力更大 ○夜间压力更大 ○无差别

若存在差异,请勾选二者差异程度:

○很大 ○较大 ○一般 ○较小 ○无差别

Q5:请您对比一下白天和夜间在作业过程中完成各项操作的难度差异:

○白天难度更高 ○夜间难度更高 ○无差别

若存在差异,请勾选二者差异程度:

○很大 ○较大 ○一般 ○较小 ○无差别

Q6:您觉得拖轮作业中难度的差异体现在哪些方面:

□解缆离泊 □接引航员登艇(如有)□目标识别 □目标观测 □目测定位

□避让他船 □判断距离 □判断速度 □观察大船动态 □靠近大船

□带缆(含绞缆)□送引航员上船(如有)□编队护航 □拖带作业 □顶推作业

□解缆作业 □领会引航员意图 □接引航员下船(如有)□靠泊系缆 □抛锚警戒

□送引航员上岸(如有)□其他＿＿＿＿＿＿＿＿＿＿＿＿＿＿＿＿＿＿

Q7:请您对比一下白天和夜间在作业过程中完成各种操作的顺畅程度差异:

○白天更顺畅 ○夜间更顺畅 ○无差别

若存在差异,请勾选二者差异程度:

□解缆离泊 □接引航员登艇(如有)□目标识别 □目标观测 □目测定位

□避让他船 □判断距离 □判断速度 □观察大船动态 □靠近大船

□带缆(含绞缆)□送引航员上船(如有)□编队护航 □拖带作业 □顶推作业

□解缆作业 □领会引航员意图 □接引航员下船(如有)□靠泊系缆 □抛锚警戒

□送引航员上岸(如有)□其他＿＿＿＿＿＿＿＿＿＿＿＿＿＿＿＿＿＿

Q8:请您对比一下白天和夜间在作业过程中完成各项操作质量的差异:

○白天质量高 ○夜间质量高 ○无差别

若存在差异,请勾选二者差异程度:

○很大 ○较大 ○一般 ○较小 ○无差别

Q9:您更愿意白天值班还是夜间值班?

○白天 ○夜间 ○区别不大

Q10:您更愿意白天指挥船舶进出港/靠离泊还是夜间?

○白天 ○夜间 ○区别不大

Q11:白天容易疲劳还是夜间容易疲劳?

○白天 ○夜间 ○区别不大

Q12:您在工作期间,最容易疲惫的时段?

□00:00—02:00　□02:00—04:00　□04:00—06:00　□06:00—08:00

□08:00—10:00　□10:00—12:00　□12:00—14:00　□14:00—16:00

□16:00—18:00　□18:00—20:00　□20:00—22:00　□22:00—24:00

Q13:您在值班期间,会产生负面情绪吗?

○经常会产生　○偶尔会产生　○基本不会产生

什么时候更容易产生负面情绪?

○白天更容易产生 ○夜间更容易产生 ○无差别

Q14:您在值班期间所产生的负面情绪主要是?

□生气 □痛苦 □愤怒 □嫉妒 □焦虑 □紧张 □沮丧 □悲伤

□其他＿＿＿＿＿＿＿＿＿＿＿＿＿＿＿＿＿＿＿＿＿

产生负面情绪的原因来自哪些方面?

□工作量太大 □被领导批评 □船方沟通不畅 □交班不及时 □操作太复杂(压力太大) □个人原因 □与本船船员交流不畅 □操作不顺畅(工作失误)

□其他_____

负面情绪发泄途径有哪些?

□说脏话 □哭泣 □拍打物体(含驾驶台) □高声吵架 □与旁人倾诉

□其他 _____

Q15:请您对比一下白天和夜间在引航作业过程中对本船(位置、速度等)感知的差异

○白天感知效果更好 ○夜间感知效果更好 ○无差别

若存在差异,请勾选二者差异程度:

○很大 ○较大 ○一般 ○较小 ○无差别

Q16:请您对比一下白天和夜间在引航作业过程中对周围环境(他船船位/速度,航标、码头位置)感知的差异

○白天感知效果更好 ○夜间感知效果更好 ○无差别

若存在差异,请勾选二者差异程度:

○很大 ○较大 ○一般 ○较小 ○无差别

Q17:夜间操作过程中,最容易出现失误的步骤是什么?

□解缆离泊 □接引航员登艇(如有)□目标识别 □目标观测 □目测定位

□避让他船 □判断距离 □判断速度 □观察大船动态 □靠近大船

□带缆(含绞缆)□送引航员上船(如有)□编队护航 □拖带作业 □顶推作业

□解缆作业 □领会引航员意图 □接引航员下船(如有)□靠泊系缆 □抛锚警戒 □送引航员上岸(如有)□其他 _____

Q18:夜间操作过程中,风险最大的步骤是什么?

□解缆离泊 □接引航员登艇(如有)□目标识别 □目标观测 □目测定位

□避让他船 □判断距离 □判断速度 □观察大船动态 □靠近大船

□带缆(含绞缆)□送引航员上船(如有)□编队护航 □拖带作业 □顶推作业

□解缆作业 □领会引航员意图 □接引航员下船(如有)□靠泊系缆 □抛锚警戒 □送引航员上岸(如有)□其他 _____

Q19:船舶靠泊过程,有哪些环境因素产生或变化会导致船舶靠泊存在不确定风险?

□风的变化 □浪的变化 □流的变化 □入泊角的实际情况与预期存在差异

□能见度的变化　□水深的变化　□岸壁效应 □其他 _____

Q20:船舶靠泊过程中,有哪些船舶因素会导致船舶靠泊存在不确定风险?

□速度降低后舵效变化 □船舶惯性 □速度降低后船舶阻力变化

□其他 _____

问卷可采用问卷星(线上电子问卷)、纸质版等不同形式发放,以方便被试填写。

4.3.7　船舶操纵模拟实验主要结论

通过对 LNG 船舶夜航船舶操纵模拟实验结果进行分析,可以得到如下实验结论:

(1)结合驾驶台视频数据和脑电实验结果发现,引航员在白天可以更加轻松地评估

与目标船舶、码头前沿等物标的距离,评价结果更加准确(即引航员在白天深度知觉更好,与物理实验和实船实验的结论一致),同时白天也可以更好地评估物标大小(即引航员在白天大小常性更好,与物理实验和实船实验的结论一致),也可以更好地评估本船、他船等产生相对运动物标的速度(即引航员在白天速度知觉更好,与物理实验和实船实验的结论一致)。

(2)夜间靠离泊操作更加谨慎,靠泊时拖轮带缆时机更早,离泊时拖轮解缆时机更晚;惯性余速更低和抵泊横距更大。

(3)由于受到环境照度的影响,夜间 LNG 船舶航行时动舵次数较白天更加频繁,船舶速度普遍较低,舵工回正所需的时间与白天相比并没有显著差异。这表明由于受到夜间环境照度变差的影响,驾引人员对周围环境的感知能力明显变差,操纵 LNG 船舶进出港航行更加谨慎。

(4)脑电数据分析结果显示,对照组(白天和黄昏)进出港和靠离泊实验中,夜间实验组被试的心理压力指标、参与程度指标和专注程度指标普遍较白天和黄昏对照组得分更高;实验组兴趣指标和兴奋程度指标与对照组相比无明显差异。夜间实验组的心理负荷更大,表示被试认为现在正在从事一项难度极大的任务以及担心无法满足任务要求而产生负面后果,且夜间实验组的工作量普遍大于白天对照组,引航员专注程度更加集中,任务沉浸程度得分也明显变大。此外,夜间靠离泊期间的心理压力、专注程度、参与程度、兴趣程度明显高于进出港航行阶段,这一规律从拖轮开始带缆和拖轮解缆两个点位为界出现。这表明夜间靠离泊期间,引航员的工作量显著增大,需要关注的参数也逐渐增多,心理负荷变大,容易产生疲劳。

4.4　实船实验及示例

为进一步研究实际情况下驾驶员生理节律和光线照度对拖轮驾驶决策的影响,在船舶操纵模拟器实验结果的基础上,借助实船进行实地实验验证。考虑到 LNG 船舶实船实验的成本和风险较大,因此可以选择拖轮、带缆艇等其他替代船只参与 LNG 船舶夜航的实船实验。

4.4.1　实船实验要求及介绍

4.4.1.1　场地要求

实船实验选取该港口进港航道中的局部航道作为实验场地,该航道需要具备必要的进出港航行导助航设施,以满足拖轮实船实验需求,同时实验场地周边水域较为空闲,进行本实验不会对该港口其他船舶通航安全和通航效率产生较大影响。此外,实船实验场地应有弯曲行驶航段和直线行驶航段,以便在不同航段中采集相应指标数据。

4.4.1.2　被试对象要求

被试人员要求身体健康,无不良嗜好,精神状态良好,双眼裸视力或矫正视力均达到4.9以上(由于需要佩戴眼动仪和脑电仪,故要求被试者不能佩戴眼镜),无散光,无眼疾或视觉缺陷(如白内障、色盲、色弱等)。所有被试人员在参加实验前均排除不规律熬夜、酗酒等其他造成视觉疲劳的因素,保证参加测试期间的精神状态良好。以拖轮的实船实验为例,各招募引航员、拖轮船长、拖轮船员数人,根据被试职业将所有被试按引航员、拖轮船长、拖轮驾驶员各1名进行分组。

4.4.1.3　实验设备推荐

实验设备推荐选用船用 RTK 测量船舶航行轨迹,选择照度仪测量外界环境及驾驶台光线照度,选择计时器进行必要的时间测量,选择脑电仪测量被试脑电变化,架设多个摄像头从不同角度拍摄驾驶人,记录动作序贯。

实验船舶可选择拖轮,并提前在相关实验船舶上布设、调试 RTK、照度测量设备和摄像机。

4.4.2　实验流程设计

4.4.2.1　实验准备

实船实验准备阶段应包括场地考察、拖轮操作调研、LNG 船舶进出港及引航调研、实验设备安装与调试、问卷设计等。

1.场地考察

实船正式实验前应对 LNG 船舶锚地到码头水域进行充分考察:①拍摄视景资料,携带无人机、DV、手机等工具进场拍摄;②观察并采集白天和夜晚交通流。

2.拖轮操作调研

实地考察拖轮:①拖轮性能参数;②拖轮已有设备;③拖轮人员配置、分工及作息;④拖轮工作时长;⑤拖轮航行轨迹等。

3.LNG 船舶进出港及引航调研

实地考察 LNG 船舶进出港工作过程:①引航员登船过程;②引航员指挥拖轮和LNG 船舶进出港过程;③LNG 船舶进出港轨迹;④LNG 船舶进出港速度变化等。通过实地考察,为 LNG 船舶夜航风险评估提供研究基础。

4.实验设备安装与调试

实船实验需要拖轮安装 RTK、脑电仪和摄像头,需要在实验船舶开始实验前安装RTK 和摄像头并测试其是否正常工作,并为拖轮驾驶员准备脑电仪。

4.4.2.2　正式实验

实船实验是为了测试被试在不同环境条件(如白天、满月、半月和无月下的晴天、小雨和中雨等)下拖轮船舶操纵效果的变化以及驾驶操纵过程中的警惕性、反应时、知觉等心理指标的变化。

选择船舶航行轨迹、警惕性、反应时和(速度、深度和空间)知觉作为因变量,选择测试时间、外界环境作为实验自变量,船舶航速和周围干扰船舶作为控制变量。要求每位被试在各种对应的环境条件下各进行 3 次实验。拖轮沿灯浮航行实船实验的时间为白天 10:00—17:00,夜晚 19:00—次日凌晨 04:00。被试应在实验开始前仔细听懂主试人员实验讲解,弄懂实验意图,检查测试拖轮上的相关航行设备和实验仪器,准备就绪后请示主试开始实验。在听到实验开始的指令后,瞭望周围水域,观察电子海图、雷达以及其他航行相关的仪器设备参数,找到并尽量保持沿灯浮航行。本实验中主试人员除必要提醒和实验测试外不应干扰被试操作,以期获得被试最主观、真实的操作数据、航行数据和心理指标。

主试在实验开始时应检查被试身体精神状态是否适合实验,防止被试对象精神疲惫、情绪紧张所导致的实验误差。然后向被试讲解实验目的、实验流程和注意事项,确认被试已经听懂,让被试熟悉相关仪器设备的使用。一切就绪后,告知被试开始实验。实验过程中应关注以下几个方面:

(1)被试操作是否正确;

(2)被试是否熟悉实验操作;

(3)实验设备是否正常工作;

(4)实验船舶的通航安全;

(5)观察并记录被试瞭望时所采用的手段(如观察窗、雷达、AIS 或电子海图等)的频率和时长;

(6)观察并记录被试精神状况;

(7)其他需要关注的方面。

每次实验过程中加入(深度、速度和空间)知觉测试、反应时测试,其中知觉测试前告知被试即将开始知觉测试,需要被试通过瞭望密切关注周围船舶的(位置、速度等信息),当被试准备好后,询问其所感知到附近目标船与本船的相对速度与相对距离等信息,通过查阅 AIS 数据,记录此时目标船与本船的相对方位和相对速度与被试回答。

在反应时测试前告知被试即将开始听觉反应时和视觉反应时测试,让被试在驾驶拖轮的过程中密切注意周边环境,当看到绿色灯浮时应迅速按下号笛完成视觉反应时实验,记录此时被试脑电仪中的 α、β 和 γ 波形;同时让其密切注意收听附近船舶号笛声音,当听到他船鸣放号笛时也应迅速按下号笛以鸣放本船号笛(若没有则使用手机播放号笛音频),完成听觉反应时实验,记录此时被试脑电仪中的 α、β 和 γ 波形。

主试应至少包括 3 人,其中 A 主试组织被试到码头候场,期间应维持被试候场纪律,在上一组被试完成试验后指挥本组被试登船实验,实验前填写各被试人员信息,签订实验协议,告知各被试实验过程、实验时长。B 主试再次确定各被试身份信息、是否签订实验协议、各被试是否明确实验过程,然后通知该组被试准备实验。C 主试记录实验数据。

主试详细记录实验过程及实验结果,导出并保存 RTK 中的船舶轨迹数据、脑电数据和摄像头数据。借助 Excel 软件构建数据库分类保存数据,使用 SPSS 进行实证分析。分析内容包括某代表性个例情况、不同控制变量组内分析和组间分析等,将统计分析结果与物理实验和船舶操纵模拟实验结果进行关联和对比。

实船实验流程如图 4.10 所示。

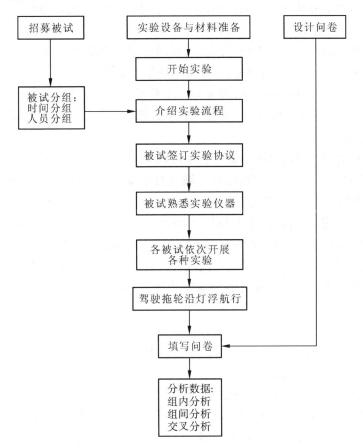

图 4.10 实船实验流程图

4.4.3 主观问卷设计

实船实验采用的调查问卷与船舶操纵模拟实验调查问卷类似,设计方式和设计思路可参照 4.3.6。

4.4.4 实船实验主要结论

通过对拖轮绕固定浮标航行的实船实验结果进行分析,可以得到如下实验结论:

(1)结合驾驶台视频数据和脑电实验结果发现,驾驶员在白天可以更好地评估与目标船舶、码头前沿等物标的距离(即驾驶员在白天深度知觉更好,与物理实验结论一致),可以更好地评估物标大小(即驾驶员在白天大小恒常性更好,与物理实验结论一致),可以更好地评估本船、他船等产生相对运动物标的速度(即驾驶员在白天速度知觉更好,与物理实验结论一致)。

(2)拖轮通常在白天距离码头和浮标更近,夜间航行总体更为谨慎,表现为距离浮标、码头前沿等物标心理距离较大,白天对浮标和码头的距离限制在 50m 以内,夜间限制在 100～200m。

(3)白天可以更好地评估转向点和转向时机,夜间转向时机普遍较白天晚,转弯半径较白天增大 13.7m 左右。

(4)实验效果取决于被试性格、态度、状态,船舶性能和环境照度等因素。

通过对脑电实验结果进行分析,可以得到如下实验结论:

(1)夜间较白天更加容易疲劳,在实验持续到 1h 左右,夜间脑电波动中的 δ 和 θ 开始逐渐加强,而 α 和 β 开始逐渐减弱,即驾驶员开始感觉到疲劳,而白天拖轮进出港实验中则没有这一特征。

(2)白天回答主试的问题时的波动较快可以平复,夜间回答完问题后持续波动,或许是因为对答案持有怀疑态度所致,即白天被试对深度知觉准确性、速度知觉准确性和大小恒常性准确性的回答很有信心。

(3)驾驶员在拖轮转向时、靠近泊位(LNG)时、靠近灯浮时的波动较大,且夜晚波动明显大于白天,其中靠近 LNG 船舶时拖轮驾驶员的脑电波动最剧烈。

(4)白天说话时的脑电波动持续时间较长,表示白天驾驶员的注意力广度更大。

(5)白天驾驶台开门时驾驶员的脑电波动较小,表示白天驾驶员的注意力集中程度不如夜间。

此外,通过回放、分析视频数据,可以得到如下实验结论:

(1)夜间转动操纵杆更加频繁(RTK 轨迹数据也可印证);

(2)白天拖轮航行速度更快;

(3)夜间情绪波动更大,更加不稳定;

(4)夜间观察设备仪器更加频繁,且持续时间更久,白天观察设备仪器时的脑电波动较缓,夜间观察设备仪器时的脑电波动剧烈,对驾驶员的影响较大。

5 LNG 船舶夜航风险评估

5.1 LNG 船舶夜航风险综合安全评估(FSA)方法

风险管理是指企业通过辨识风险、衡量风险和分析风险,从而有效地控制风险,用最经济的方法来综合处理风险,以实现最佳安全生产保障的科学管理方法。综合安全评估(FSA)是借鉴工业风险管理并结合海运特征而建立的一种规范化的评估体系,根据国际海事组织(IMO 2000)的规定,FSA 是一种集风险评估与费用收益评估于一体,旨在尽可能全面、合理地在规范、设计、运营和检验的各个方面有效地提高海上安全(包括生命、健康、环境与财产安全)的结构化、系统化方法。FSA 包含危险源辨识、风险评价、风险控制、成本效益评估和决策建议 5 个步骤,如图 5.1 所示。

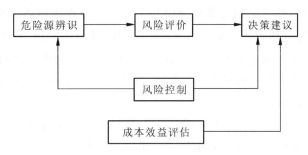

图 5.1　FSA 方法流程图

5.1.1　危险源辨识

危险源辨识又称风险源辨识,其目标是识别出各种危险和/或事故,相对于所研究问题根据风险水平进行风险排序。该步骤是 FSA 的第一步工作。在具体识别风险时,需要综合利用一些专门技术和工具。

1.风险源辨识方法

风险源辨识方法有多种,本节重点介绍几种常用的风险源辨识方法。

(1)德尔菲法(专家调查法):是在 20 世纪由赫尔默和戈登首创,后由美国兰德公司采用该方法进行定性预测后被迅速广泛采用。德尔菲法采用匿名的方式使每一位专家独立地做出自己的判断,各成员之间不得互相讨论,此法可充分利用不同领域专家的经验和学识。

(2)头脑风暴法(智暴法、畅谈法、集思法):由美国奥斯本博士于 1941 年提出的创造性思维方法。通常采用会议的方式,利用集体的思考,使每个参加会议的人围绕某类问题的危险识别这个中心议题,在头脑中掀起风暴,畅所欲言地发表独立见解,达到集思广益的目的。

(3)危险和可操作性研究(HAZOP):该方法可以分析某一系统从概念设计到实际运营之间各个阶段的危险。本方法通过组建安全分析师和项目专家组成工作小组。根据专业知识的需要,不同阶段由不同的组员参加。

(4)预先危险性分析(Preliminary Hazard Analysis, PHA):也称初始危险分析,是安全评价的一种方法。它是在每项生产活动之前,特别是在设计的开始阶段,对系统存在危险类别、出现条件、事故后果等进行概略地分析,尽可能评价出潜在的危险性。

(5)如果分析技术(What—If):该方法适合在危险识别会议中使用危险识别技术。会议成员一般 7～10 人。会议团队首先对考虑的系统、功能和操作进行详细讨论,然后进行头脑风暴,针对性提出各种假设、后果及相互影响,最后在会议上达成共识并形成报告。

(6)安全检查表法:该方法是将一系列项目列出检查表进行分析,以确定系统、场所的状态是否符合安全要求,通过检查发现系统中存在的安全隐患,提出改进措施的一种方法。检查项目可以包括场地、周边环境、设施、设备、操作、管理等各方面。

(7)LEC 评价法:该方法用与系统风险有关的三种因素指标值的乘积来评价操作人员伤亡风险大小,这三种因素分别是:L(likelihood,事故发生的可能性)、E(exposure,人员暴露于危险环境中的频繁程度)和 C(consequence,一旦发生事故可能造成的后果)。给三种因素的不同等级分别确定不同的分值,再以三个分值的乘积 D(danger,危险性)来评价作业条件危险性的大小。

(8)故障树分析(Fault Tree Analysis,简称 FTA):又称事故树分析,它是安全系统工程中最重要的分析方法。事故树分析从一个可能的事故开始,自上而下、一层层地寻找顶事件的直接原因和间接原因事件,直到基本原因事件,并用逻辑图把这些事件之间的逻辑关系表达出来,由于该方法包含对风险的定量分析,因此该方法也是风险评估的常用方法。

(9)事件树分析法(Event Tree Analysis,简称 ETA):是安全系统工程中常用的一种归纳推理分析方法,起源于决策树分析(简称 DTA)。它是一种按事故发展的时间顺序由初始事件开始推论可能的后果,从而进行危险源辨识的方法。这种方法将系统可能发生的某种事故与导致事故发生的各种原因之间的逻辑关系进行梳理,该方法与事故树分析一样也是风险评价的常用方法。

风险源辨识还有许多种方法,但根据风险源辨识所采用的依据来看大致可以分为综合发挥想象和标准分析技术 2 类。事故树、事件树等方法基于历史数据,在历史数据的基础上进行定性与定量的分析,这些方法相对更客观,但缺少风险源识别的主动性,依赖于历史数据。头脑风暴等方法则将危险识别从已有材料记录的危险和事故的基础上扩展至潜在的危险,识别范围更广。

2. 事故场景初次定级

LNG 船舶夜航是一个复杂的系统工程,涉及的风险源多种多样。有的危险源发生率不高或造成的后果不严重,而有的危险源发生后将造成极为严重的后果,如果对所有危险源一一进行详细的分析,会浪费大量的人力、物力,且对不同风险等级的危险源都投入相同的资源则会造成对重大危险源的认识和应对不足,不能有效控制风险。因此,为使风险管理工作有的放矢,需要对其风险水平进行排序,找出风险高的危险源。风险矩阵就是对风险源根据发生频次和发生后可能导致的后果严重程度组合所代表的风险水平进行排序的方法。该方法操作简便,适用于定性和定量分析。

建立风险矩阵的步骤如下:

(1)根据具体情况建立根据频次和后果严重程度组合起来的风险分析模型,一般定义:风险度=分析概率×后果严重程度或 Log(风险)=Log(概率)+Log(后果),为便于定级和对定级进行验证,MSC-MEPC.2/Circ.12 建议以对数方式确定后果和概率,然后通过概率/频次和后果指数相加获得风险指数;

(2)计算风险值,建立风险矩阵;

(3)确定风险的可容忍程度。

风险的概率水平、风险的严重程度以及风险矩阵的示例、风险等级划分指标见表5.1至表5.4。其中,各类危险源发生的概率(P)分为5个等级,从1(不太可能)到5(频繁),后果严重程度(C)分为4个等级,从1(小)到4(重大),风险分3个等级,分别为低、中、高。

表5.1 风险发生概率指标

等级	类型	频率值/船年
5	频繁	>0.5
4	可能	0.5～0.05
3	偶尔	0.05～0.005
2	极少	0.005～0.0005
1	不太可能	<0.0005

表5.2 风险后果严重性指标

影响分级		对人命安全的影响	对环境的影响	对船舶/设施的影响
1	小	轻伤	可忽略的泄漏/可忽略的污染	轻微损害可在船上维修,停机时间可以忽略不计
2	一般	重伤	轻微泄漏/对环境或公共健康无持续影响	一般损害,要求停留港口,停机1天
3	较大	1人死亡	大量泄漏/对暴露者、生态系统有短时影响	严重损坏,需要进船坞修理,停机1周

续表 5.2

影响分级		对人命安全的影响	对环境的影响	对船舶/设施的影响
4	重大	多人死亡	重大污染/对暴露者、生态系统有长期影响	船舶全损

表 5.3　风险矩阵

		后果严重程度(C)			
		1	2	3	4
发生概率(P)	5	6	7	8	9
	4	5	6	7	8
	3	4	5	6	7
	2	3	4	5	6
	1	2	3	4	5

表 5.4　风险等级划分指标

风险值(R)	风险等级
≤4	低风险
5、6	中风险
≥7	高风险

5.1.2　风险评价

风险评价的目的是对第一步中识别出的相对重要的事故的原因及后果进行详细调查。FSA 的第二步工作,通过合适的技术对风险采用数学建模的方法进行评估。风险分析方法一般要根据第一步识别的风险类型以及目前具备的相关数据水平进行选择。在进行量化分析时会用到相关的事故和失效数据,如缺乏相关数据,则需要进行模拟计算或专家判断技术。常用的风险分析技术包括定性分析、定量分析及定性、定量相结合三大类。

(1)定性评价方法是指采用文字或描述性的级别说明风险的影响程度和这些风险出现的可能性。实践中最常使用的三种定性评估方法分别是问卷调查、集体讨论法,专家调查法及安全检查表法。定性评价方法易受参评人员的经验、思维倾向、分析判断能力以及所占有资料量影响,评价结果粗糙,只能大概地了解系统的危险程度。

(2)定量评价方法是指使用数字价值分析影响程度和可能性,采用来自多个来源的数据,包括历史记录、行业相关做法和经验、相关文献资料等,通过建立数学模型,运用数学计算或数值分析方法对某一事件或某一组事件的发生概率和后果进行量化估计。主要有蒙特卡洛模拟法、敏感性分析法等。

（3）综合评估方法是一种既定性又定量的评估方法。常用的综合评估方法包括事故树分析法、层次分析法、模糊综合评价法等。

①事故树分析法（故障树分析法）

它是从结果到原因来描绘事故发生的有向逻辑树。就好像一棵树，树中的节点是逻辑判别点。树的根部节点代表了具体的后果，树的梢节点代表了产生这种事故可能的原因，树的树权点表示由基本原因促成的事故结果，称为系统事故的中间原因。事故因果关系的不同性质用不同逻辑门表示。这样画出的一棵树用来描述事故发生的因果关系，称为事故树。

采用事故树分析法是为了判明事故的发生途径和导致直接的后果的各种指标之间的关系，以及系统事故发生概率及其他定量指标，目的是找出系统的薄弱环节，采取相应的改善措施，提高系统的可靠性和安全性。

②层次分析法

层次分析法也是一种定性和定量相结合的方法，它是由美国著名的运筹学家 Saaty 于 20 世纪提出的，其基本原理为根据具有递阶结构的目标、子目标、约束条件等来评判方案，用两两比较的方法来确定判断矩阵，然后把与判断矩阵的最大特征值相对应的特征向量的分量作为相应的权重系数，最后归一化得出各方案各自的权重。

③模糊综合评价法

1965 年美国加州大学伯克利分校卢菲特·泽德教授创造了讨论研究模糊不确定性问题的数学方法——模糊数学。随机不确定性是指由于因果律存在破缺所造成的不确定性，而模糊不确定性则是由于排中律存在破缺引起的。模糊数学的意义是精确数学的延伸和推广，它本身是精确的，可以把数学的研究和应用领域从清晰现象扩大到模糊现象。

模糊综合评价法是对受多种因素影响的事物做出全面评价的一种十分有效的多因素决策方法。该方法是将所评价的目标看作由多种主因素所组成的模糊集合，定义为因素集；通过设定这些主因素所能选取的评价等级，组成评语的模糊集合，定义为评判集；再分别求出各单一主因素对各个评价等级的归属程度，合成为模糊矩阵；然后根据各个主因素在评价目标中的权重分配，进行计算并将结果合成为模糊矩阵；最后求出评价的定量值。

5.1.3　风险控制

风险控制的目的是识别风险控制措施，然后组合成有限数量的风险控制选项，以供选用。该步骤是 FSA 深化研究的核心工作。一般包括下列 4 个步骤：

（1）重点关注需要控制的风险区域，主要包括风险水平为不可接受的事故，发生概率最高的区域（此时不考虑后果的严重性），事故后果最为严重的区域（此时不考虑发生概率),以及风险、发生概率和后果严重性相当不确定的区域。

(2)识别潜在的风险控制措施,通过采用结构化的评审技术,对现有的措施不能完全控制的风险找到潜在的新的风险控制措施。为方便理解风险控制措施如何发挥作用、如何应用和操作,可对新的风险控制措施的风险属性进行分类。风险控制措施的属性分类如表 5.5 所示。

表 5.5　风险控制措施的属性分类

属性	条目	分类	注　　解
A 类	1.1	预防性风险控制	降低事件发生的概率
	1.2	减缓性风险控制	减轻事件后果的严重性
B 类	2.1	工程性风险控制	设计中纳入安全装置(内置的或外加的),该类安全装置是保证安全的关键装置。如缺少这一装置,将导致风险水平达到不可接受的地步
	2.2	内在风险控制	限制潜在风险水平在最高层方案设计时即开始控制
	2.3	程序性风险控制	依靠操作人员通过严格按照规定的程序进行风险控制
C 类	3.1	分散风险控制	对系统的各方面以不同方式进行分布式控制
	3.2	集中风险控制	对系统的各方面以类似方式控制
	3.3	冗余风险控制	能承受风险控制的失效
	3.4	单一风险控制	难以承受风险控制的失效
	3.5	被动风险控制	不需要采取行动来实施风险控制措施
	3.6	主动风险控制	通过安全设备或操作人员的动作来进行风险控制
	3.7	独立性风险控制	对其他要素没有影响
	3.8	依赖性风险控制	可能对风险贡献树的其他要素产生影响
	3.9	定性或定量	是基于定性或定量的风险评估
	3.10	常规或新颖	是否是现有海上技术或操作的延伸,新颖表示该措施是新的
	3.11	成熟或不成熟	指所依据的技术在有效性和成本两个方面是否已成熟。不成熟包括技术上的不成熟但预期将发展成熟,或者预计成本可能在可预期的时间内降低。基于这种属性可以考虑和产生有远见的方法和方案

(3)通过重新评估步骤 2 来评估风险控制措施的有效性,包括采用风险控制措施的任何副作用。

(4)将风险控制措施组成有限数量的、经过周密思考的风险控制选项。可通过降低发生概率和减轻造成的后果的方法将单个风险控制措施组合成多个选项。在这个过程中,应考虑受到建议措施影响的各利益相关方。如这些风险控制措施/选项会导致新的或额外的危险产生,需要重新开始步骤 1、2、3 并酌情做出相应修改。在定量评估风险控制选项的综合影响之前,需定性评估相对风险控制选项之间的相互依赖关系。同时在分析风险控制措施和选项有效性时需进行敏感性分析以及不确定性分析。

5.1.4 成本效益评估

成本效益评估的目的是对步骤 3 中风险控制选项所产生的效益和费用进行比较。该步骤是 FSA 继续深化研究的工作。通常以指数的形式来表示与安全有关的成本效益。成本效益评估的一般步骤为:

(1)对步骤 2 评估的风险按其发生频次和后果进行考虑,以对所考虑情形的风险水平的基本情况进行定义;

(2)对步骤 3 确定的风险控制选项按便于理解其所产生的费用和效益的方式排序列出;

(3)估算所有风险控制选项的相关费用和效益;

(4)估算和比较每一风险控制选项的成本效益;

(5)从成本效益的角度对风险控制选项进行定级,以便在下面的步骤中提出决策建议。

5.1.5 决策建议

对所有危险以及深层原因进行比较和排序、对经过成本效益评估的风险控制选项进行比较和排序、对尽可能和实际可能降低风险的风险控制措施的识别提出建议,从而基于可能的风险降低和成本效益对各种替代方案进行客观比较。其目的是提供明确的建议给决策人。

5.1.6 LNG 船舶夜航的 FSA 应用

LNG 船舶夜航是船舶安全营运管理的重要内容,本身就是 FSA 的工作范畴。将 FSA 应用到 LNG 船舶夜航安全评估工作中可以系统、全面地梳理夜航过程中存在的风险,同时对风险进行定性、定量的评价,并依据评价结果找出薄弱环节制定针对性的安全保障措施,从而实现保障 LNG 船舶夜航的安全进行。在 LNG 船舶夜航安全评估过程中,FSA 大致可以分为 3 个部分:

1. 危险源辨识

系统安全理论认为,世界上不存在绝对安全的事物,任何人类活动中都存在可能导致事故的因素。系统中可能导致事故发生的因素(致因因素)在系统安全中被称作危险源。为了防止事故,必须弄清事故为什么会发生,找出造成事故发生的原因即危险源。

在此基础上,才能研究如何通过控制危险源来防止事故发生。

2. 风险评价

风险/风险事件是由危险源的不安全状态引发,因此 LNG 船舶夜航系统的整体风险水平可以由下式表达:

$$C = \sum_{i=1}^{n} (H_i \times S_i)$$

式中,C 表示 LNG 船舶夜航系统的整体风险水平;H_i 代表第 i 个影响 LNG 船舶夜航系统安全的危险源对系统风险的贡献程度(权重);S_i 代表第 i 个危险源的安全状态。

因此,风险评价即根据上一步危险源辨识识别出的危险源构建评价指标体系,对 LNG 船舶夜航系统风险进行量化分析。

选择风险评价方法时应该充分考虑获得的风险因素信息的难易程度和风险因素信息量,如果获得风险因素较为简单且数据信息量充足,一般采取定量风险评价方法;如果获得风险因素较为困难或数据信息量有限,可以采取定性或定性与定量相结合的安全评价方法。

3. 制定安全管控方案

根据风险评价的结果,在风险可接受的条件下制定安全管控方案。

5.2　LNG 船舶夜航危险源辨识

根据对 3.1 节中事故研究的分析,结合实地调研及文献查阅,得到 LNG 船舶夜航安全事故的风险指标。引发 LNG 船舶夜航事故的风险因素是多样的,可分为静态因素和动态因素,还可分为内在因素和外部因素。风险辨识的任务就是从复杂的演变过程中找到 LNG 船舶夜航过程中存在的风险,并分析每种风险致因可能存在的危害。

LNG 船舶夜航属于一个复杂的系统安全工程,在 LNG 船舶夜航过程中,航行风险致因因素大量存在,并且伴随 LNG 船舶在夜航操作的过程中不断变化,直接影响到 LNG 船舶的夜航安全。引发 LNG 船舶夜航事故的风险是多种多样的,因此 LNG 船舶夜航安全评估前应进行系统风险辨识。

考虑到目前国内 LNG 船舶夜航较少,因此结合 LNG 船舶白天航行作业过程,经过实地调研,得到 LNG 船舶夜航作业过程,从 LNG 船舶活动过程出发,根据对 LNG 船舶夜航风险的分析,系统分析和梳理了夜间 LNG 船舶从待泊进港到离泊出港的全过程中,可能会遭遇的各种意外情景,以及这些情景导致的不同后果,并分别从人、船、环境和管理四个方面获取 LNG 船舶夜航安全系统的风险致因。

LNG 船舶夜航作业过程包含 LNG 船舶夜间等待进港、引航员夜间登船、LNG 船舶夜间进出港航行、LNG 船舶夜间靠离泊以及 LNG 船舶夜间装卸货五个过程。

5.2.1 LNG 船舶夜航作业过程分析

LNG 船舶夜航作业可以分成三个阶段加以描述:LNG 船舶夜间进港作业程序、夜间靠离泊作业程序和夜间出港作业程序。通过分析 LNG 船舶夜航作业过程,可以有针对性地梳理危险源,因此有必要在危险源辨识前仔细对其进行分析。本书以广东大鹏 LNG 船舶夜航作业过程为例,国内其他港口 LNG 船舶夜航过程可参照该接收站,针对各地 LNG 接收站的实际情况修改和完善。

5.2.1.1 LNG 船舶夜间进港作业程序

LNG 船舶夜间进港作业流程如图 5.2 所示。

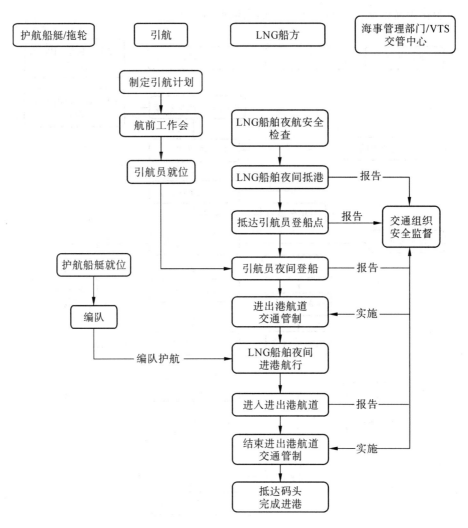

图 5.2 LNG 船舶夜间进港作业流程

LNG 船舶夜间抵港后向 VTS 报告,然后继续航行至夜间引航员登船点,已就位的引航员登船后向 VTS 报告,VTS 对进出港航道实施交通管制。引航员指挥 LNG 船舶在护航船艇的护航下开始夜间进港航行。LNG 船舶进入 LNG 专用航道后向 VTS 报告,VTS 解除对进出港航道的交通管制,LNG 船舶抵达码头完成夜间进港航行流程。

5.2.1.2　LNG 船舶夜间靠离泊作业程序

LNG 船舶夜间靠离泊作业流程如图 5.3 所示。

LNG 船舶抵达码头水域后,在护航船艇拖轮的协助下进行夜间靠泊作业,LNG 船舶靠泊完成后向 VTS 报告,引航员离船乘坐拖轮/引航艇返回,拖轮在附近水域抛锚警戒。卸货完成后 LNG 船舶准备夜间离泊,引航员就位后登船准备离泊作业。LNG 船舶在拖轮的协助下解缆离泊,调整船首朝向 LNG 船舶进出港航道,护航船艇编队开始护航,LNG 船舶在护航编队的护航下加车开始出港航行。

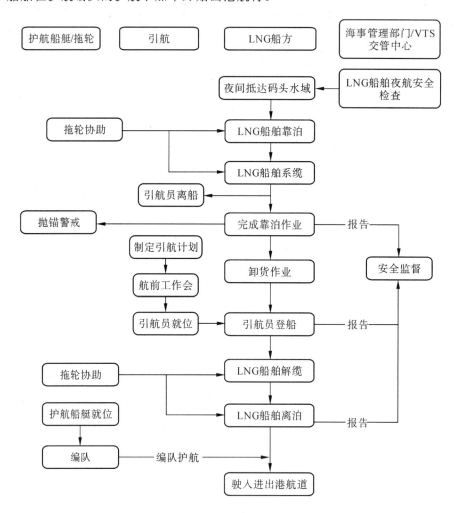

图 5.3　LNG 船舶夜间靠离泊作业流程

5.2.1.3 LNG 船舶夜间出港作业程序

LNG 船舶夜间出港作业流程如图 5.4 所示。

LNG 船舶夜间抵达主航道后向 VTS 报告,VTS 对主航道实施交通管制,LNG 船舶继续在护航船艇编队护航下出港航行。LNG 船舶航行至引航员离船点后,引航员离船乘坐拖轮或引航艇返回,LNG 船舶报告 VTS,VTS 结束对主航道的交通管制,随后 LNG 船舶加车离开,结束船舶夜间出港作业。

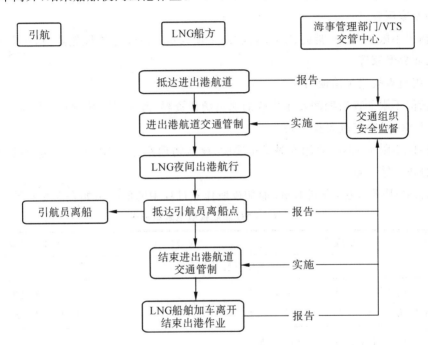

图 5.4 LNG 船舶夜间出港作业流程

5.2.2 LNG 船舶夜航各作业阶段危险源辨识

危险源识别是风险管理的第一步,也是风险管理的基础。只有在正确识别出导致风险事故发生的危险源的基础上,人们才能够主动选择适当有效的方法进行处理。根据 FSA 的评估,危险源辨识应包括 LNG 船舶夜航的整个过程。

由于缺乏 LNG 船舶夜航事故数据,因此,LNG 船舶夜航危险源辨识在参考其他船舶夜航事故的基础上,主要采用 SWIFT(Structured What—If Checklist)方法。SWIFT 是一种系统的、以团队为导向的危险源识别技术。与标准 HAZOP 一样,可用于解决可操作性问题和安全隐患。SWIFT 可用于识别危害以便进行后续定量评估,或提供危害的定性评估,并在适当时建议进一步的防护措施。SWIFT 与任何基于小组的风险源辨识技术一样,依靠团队的专家意见来识别和评估危害。具体流程包括:

(1)定义 LNG 船舶夜航的操作,按顺序考虑每个操作。

(2)头脑风暴可能的危险,例如:如果……,怎么能……。

（3）列出，但不要讨论危害。一旦想法被耗尽，就用以前的事故经验来检查完整性。

（4）按照逻辑将危险源组织起来进行讨论从而构建危险情景。

（5）依次考虑每种危害。如果发生这种情况，考虑可能的后果。

（6）重新考虑是否遗漏了别的危险。

LNG 船舶夜航安全评估系统中的危险源辨识主要通过四个途径来获取。

（1）事故报告

包括但不限于 LNG 船舶历史事故报告、其他船舶夜航事故报告。

（2）专家问卷

包括但不限于 LNG 船员、LNG 接收站工作人员、LNG 专用拖轮船员、引航员、海事局专家、业界专家等。

（3）夜航事故船员访谈

包括但不限于夜航期间发生事故的船员访谈资料、海事局事故调查证据等。

（4）LNG 船舶夜航实验结果

包括但不限于 LNG 船舶操纵模拟实验、夜航物理实验、LNG 夜航实船实验等，实验结果及分析见第 4 章。

结合 SWIFT 方法，得到 LNG 船舶夜航作业过程中的危险源如表 5.6 所示。

表 5.6 LNG 船舶夜航危险源辨识

序号	危险源	失效模式	事故风险
	1. 引航员登离船		
1.1	引航员、引航艇（拖轮）船员适任能力不足	LNG 船舶碰撞/搁浅	船体受损/LNG 泄漏/次生损害
1.2	夜间引航艇（拖轮）船员未能准确判断与 LNG 船舶间的相对速度和距离	引航艇旁靠失败/LNG 船舶与引航艇（拖轮）碰撞	船体受损
1.2	引航艇（拖轮）船员夜间疲劳导致操作失误		
1.3	引航员夜间未能及时发现引航梯缺陷	引航员坠落	人员受伤/影响引航计划
1.4	夜间引航员未看清引航艇与 LNG 船舶间的空隙		
1.5	引航员被船上设施、设备绊倒	引航员跌倒	
1.6	辅助作业人员不足	引航梯晃动致引航员坠落	
1.7	夜间引航梯缠住引航艇未被发现	引航梯断裂	引航梯/引航艇受损

序号	危险源	失效模式	事故风险
1.8	操纵设备故障		船体受损/ LNG 泄漏/ 次生损害
1.9	助航仪器故障	LNG 船舶与拖轮或附近 船舶碰撞/搁浅	船体受损/ LNG 泄漏/ 次生损害
1.10	恶劣天气		船体受损/ LNG 泄漏/ 次生损害
1.11	夜间疲劳导致作业人员操作、沟通顺畅程度和发现操作失误的灵敏度下降	驾驶台资源使用不当造成 LNG 船舶与拖轮或附近船舶碰撞/搁浅	
2. 进出港航行			
2.1	夜间对相对速度和相对距离判断错误	LNG 船舶与护航拖轮/附近船舶、设施发生碰撞	船体受损/ LNG 泄漏/ 次生损害
2.2	夜间照度不良对周围环境判断错误导致航路选择错误	LNG 船舶搁浅/碰撞	
2.3	夜间生理节律下降导致引航员、拖轮、LNG 船舶间沟通效率降低	驾驶台资源使用不当，LNG 船舶与护航拖轮发生碰撞	船体受损
2.4	导助航设施、航行设备故障	LNG 船舶搁浅/碰撞	船体受损/ LNG 泄漏/ 次生损害
2.5	引航员对周围环境不熟/缺乏引航经验	LNG 船舶搁浅/碰撞	船体受损/ LNG 泄漏/ 次生损害
2.6	夜间难以发现渔船及拖网	与渔船/拖网发生碰撞	渔船沉没/人员伤亡
2.7	恶劣天气	夜间对风流影响判断不准导致操纵不当引起 LNG 船舶碰撞/搁浅	船体受损/ LNG 泄漏/ 次生损害

续表 5.6

序号	危险源	失效模式	事故风险
3. 靠离泊			
3.1	夜间照度不良导致对码头前沿回旋水域范围判断不准确	影响 LNG 船舶安全旋回,可能导致 LNG 船舶与码头发生碰撞	船体、码头受损/LNG 泄漏/次生损害
3.2	夜间照度不良缺乏参照,辅助靠泊仪器观测不便,导致对 LNG 船舶靠泊过程余速判断不准确	LNG 船舶靠泊余速过大与码头发生碰撞	船体、码头受损
3.3	夜间辅助靠、离泊拖轮视觉绩效受限未能及时发现其他拖轮的位置及动态	辅助拖轮间发生碰撞	拖轮损坏
3.4	拖轮辅助靠离泊失败	LNG 船舶与码头或附近船舶及水工设施发生碰撞	船体、码头受损/LNG 泄漏/次生损害
3.5	引航员、拖轮作业人员不适任/缺乏作业经验	可能导致各类事故	
3.6	夜间对恶劣天气影响视觉判断灵敏度下降	LNG 船舶靠泊余速过大与码头发生碰撞	船体、码头受损
3.7	操作失误	LNG 船舶与辅助拖轮或码头碰撞	船体、码头受损
3.8	拖轮、LNG 船舶及岸上作业人员交流不畅	增加靠离泊作业难度	增加作业时间

由于缺少 LNG 船舶夜航数据,对危险源风险程度的评定主要根据表5.1~5.3由专家打分确定。危险源辨识主要是为了构建风险/事故场景,这些场景将使危险源辨识获取的信息、知识、数据系统化。这些场景将作为下一步风险评价的输入值。

5.3　LNG 船舶夜航风险评价

根据危险源辨识结果结合过往 LNG 船舶事故数据及其他船舶夜航事故统计,在 LNG 船舶夜间进出港和靠离泊作业过程中,LNG 船舶可能发生的事故场景如表 5.7 所示。

表 5.7 LNG 船舶夜航各个过程中的事故类型

LNG 船舶活动	事故类型
等待进港	碰撞事故
	泄漏事故
	火灾事故
	走锚碰撞事故
	风灾、浪损
	机电故障以及货物系统故障
引航员登船	碰撞事故
	泄漏事故
	火灾事故
	风灾、浪损
	落水事故
	机电故障以及货物系统故障
进出港航行事故	碰撞事故
	搁浅事故
	触碰事故
	泄漏事故
	火灾事故
	风灾、浪损
	机电故障以及货物系统故障
靠离泊过程	碰撞事故
	搁浅事故
	触碰事故
	泄漏事故
	火灾事故
	风灾、浪损
	机电故障以及货物系统故障
装卸货过程	碰撞事故
	泄漏事故
	火灾事故
	风灾、浪损
	机电故障以及货物系统故障

风险评价包括定性、定量和定性与定量相结合三种方法。在实际进行风险评价时,一般需要根据第一步识别的风险类型以及目前具备的相关数据水平进行选择。一般而言,定性评价结果较粗糙,定量评价结果最为直观和客观,但对数据要求较高,高度依赖过往的历史数据,因此,在实际风险评价过程中多采用定性和定量相结合的风险评价方法。

5.3.1　事件树风险评价示例

IMO 曾经根据统计的过往 LNG 船舶事故数据对 LNG 船舶的作业风险进行了定量评价,具体流程如下:

1.定义作业风险为各类风险的总和

根据 LNG 船舶历史事故数据构建 LNG 船舶作业过程中各类事故场景,定义 LNG 船舶作业风险为各类事故场景风险的总和,如图 5.5 所示。

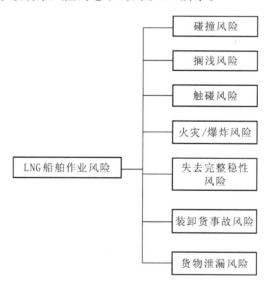

图 5.5　LNG 船舶作业风险

2.计算事故发生概率并评估事故后果

根据风险的量化公式:风险＝概率×后果,分别计算各种事故场景的发生概率并评估后果。

(1)事故发生概率

各种事故场景的发生概率主要是基于过往 LNG 船舶事故统计结果和类似的定量研究成果,见表 5.8。

表 5.8　LNG 船舶各类事故场景发生概率

事故场景	事故发生概率(每船年)
碰撞	6.7×10^{-3}
搁浅	2.8×10^{-3}
触碰	2.8×10^{-3}

续表 5.8

事故场景	事故发生概率（每船年）
火灾/爆炸	$3.5×10^{-3}$
恶劣天气状况/失稳	$3.2×10^{-3}$
装卸货作业不当而引发的事故	$7.8×10^{-3}$
货舱系统泄漏	$9.5×10^{-3}$

（2）事故后果

每个已识别场景的预期后果将通过使用事件树来评估。首先，为每个事故场景构建一组事件树，然后构建事件树并进行量化。作为事件树中第一个事件的频率主要基于事故经验的估计值。

①碰撞事故

LNG 船舶典型碰撞场景可能会以下述方式发展。首先，发生碰撞。LNG 船可能被另一艘船撞到，也可能是撞击船。如果 LNG 船是撞击船，则 LNG 事件进一步升级的可能性可以被认为很小，因为它会在船头受到碰撞冲击。此外，当 LNG 船处于压载状态或满载时，可能会发生碰撞，这将影响事件的进一步升级。当 LNG 船是被撞船时，碰撞可能会造成穿透外壳和内壳的损坏。如果碰撞损坏穿透内壳，可能会导致货物泄漏。货物泄漏可能造成池火、漂移的蒸气云、快速相变等，LNG 的低温或池火产生的热量可能会降低船舶的强度并最终导致沉没。穿透内壳的损坏也可能导致稳定性丧失，从而导致船舶在压载状态下沉没，虽然这不太可能。如果 LNG 危害发生或船舶沉没，疏散失败可能会导致多名船员死亡。

碰撞事故事件树模型如图 5.6 所示。

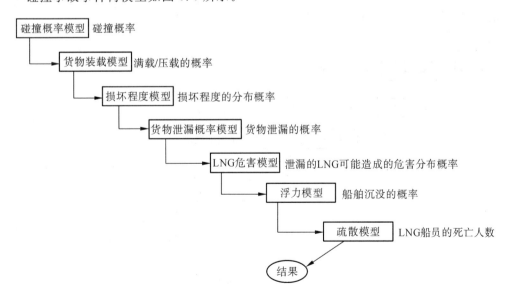

图 5.6 碰撞事故事件树模型

②搁浅事故

搁浅情景在许多方面与碰撞情景相似。当 LNG 船舶处于满载或压载状态时,可能会发生,搁浅将对船底造成一定程度的损坏,这种损坏可能会也可能不会导致货物泄漏和/或失稳。如果 LNG 发生泄漏,LNG 危害中的一种或多种可能发生。同样,因搁浅造成的损坏及泄漏的低温液化天然气可能会损坏船体结构强度。最后,如果船员不能及时撤离,可能会有因液化天然气危险或船舶沉没而导致的死亡。

搁浅事故事件树模型如图 5.7 所示。

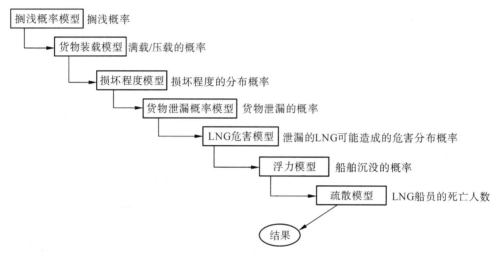

图 5.7　搁浅事故事件树模型

③触碰事故

触碰事故场景与搁浅和碰撞事故场景非常相似。触碰损坏可能导致与碰撞、搁浅类似的后续事件和损坏。触碰事故事件树模型如图 5.8 所示。

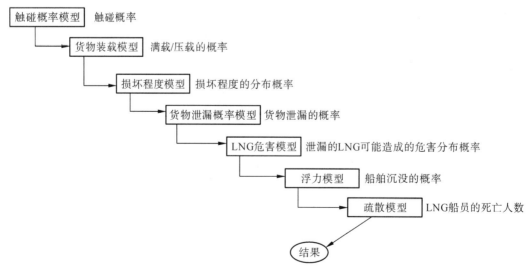

图 5.8　触碰事故事件树模型

④火灾/爆炸事故

火灾或爆炸场景描述了以火灾或爆炸为始发事件的事故场景,分为三种类型,从机器处所、起居区或休息室开始的火灾以及在货舱区域开始的火灾。

对于发生在机器处所或起居区的火灾,假定没有 LNG 特定危险,该场景将类似于其他货船上发生的火灾事件,例如油轮。发生在货舱区域的火灾对于 LNG 船舶具备其特有的特点,根据专家判断,货舱区与唯一可能会发生火灾的货物区域位于压缩机室。对于压缩机室内火灾,可能发生以下情况:消防系统可能无法防止或扑灭火灾/爆炸;火灾/爆炸可能进一步损坏货舱系统并造成 LNG 泄漏。如果 LNG 泄漏,可能会引发池火导致船舶沉没。随着火势的加剧,若船上人员疏散不及时或疏散失败,可能造成人员伤亡。

火灾/爆炸事故事件树模型如图 5.9 所示。

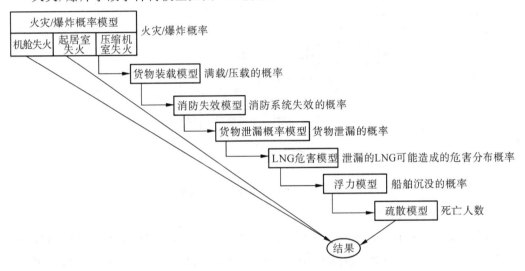

图 5.9　火灾/爆炸事故事件树模型

⑤恶劣天气状况/LNG 船舶失稳

当船舶的重心位于几何中心以下时,可以保持完整的稳定性。只要海面平静,一个小的初稳性高度将满足完整船只的基本稳定性要求,防止船舶倾覆。但是,船舶在海上航行时可能遭遇恶劣气况,必须设置干舷来限制海水的进入同时保证最小许用初稳性高度,以确保船舶在航行过程中保持稳性。不正确的装载/卸载程序可能产生自由液面,造成船舶摇晃。造成 LNG 船舶失去稳性的原因主要包括:

· 异常波浪状况,尤其是在船中部出现异常波峰的情况;

· 装载/压载程序中的故障,复杂的控制和监控集成货物/压载控制系统通常控制大量压载舱(超过 20 个)和货舱(4 个或 5 个);

· 甲板上大量积冰,尤其是船首和其他水平表面;

· 部分装满储罐时,LNG 货物的晃动负载,这是一个特别值得关注的问题;

· 使用超长的棱柱形储罐;

· 压载水交换(BWE)。

在实际中,LNG 船舶甲板积冰主要在冰区航行时会发生,不具备普适性。根据过往 LNG 船舶的事故数据,并结合 LNG 船舶技术的发展,异常波浪状况及货物操作引起的船舶失稳基本不存在,因此,为针对此场景构建事件树。

⑥装卸货事故

在港口装卸货物时发生的事故一般为小规模,造成有限数量的船员受伤或死亡。致命事故可能仅在以下情况下发生:

船员直接暴露在 LNG 中从而遭受严重的冻伤(−162℃)。但此类操作有严格的程序,很少发生此类操作事故。CCS 和传输系统的设计是为了应对过度填充的风险和可能导致 LNG 作为液体或气体泄漏/溢出的其他风险。

装卸货事故事件树模型如图 5.10 所示。

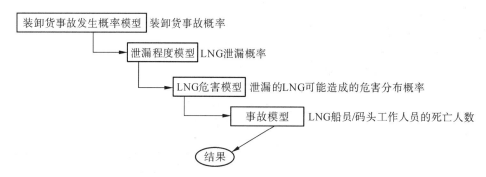

图 5.10　装卸货事故事件树模型

⑦货物围护系统故障/泄漏

LNG 船上的货物围护系统(CCS)具有良好的安全记录,没有发生因 CCS 故障导致的人员死亡记录。该场景下涉及的事故主要是气体泄漏和 LNG 泄漏两类。气体泄漏是内部和外部结构及(氮气)压力系统的综合故障造成的。泄漏的气体将充盈在船体内壳和储罐之间的空间,不会对船员造成致命伤害。通常情况下 CCS 有检测系统可以检测泄漏,并且为这种情况制定了严格的程序。船上的所有系统都是冗余的并定期维护。如果发现气体泄漏,船舶应在 15 天内驶往最近的港口进行卸载。尽管有几起薄膜型 LNG 船舶气体泄漏事故报告,但均被恰当处置,并未造成严重后果。

LNG 泄漏可能是罐体疲劳产生的裂纹造成的。对于 Moss 型船舶,泄漏的 LNG 将进入内层船壳与罐体之间,随后进入压载舱。对于薄膜型,泄漏的 LNG 将直接向压载舱释放。没有与 LNG 直接泄漏到内壳或压载舱有关的事故报告,可认为该类事件的风险可忽略。因此,未针对此场景构建事故树。在实际中报告的货物围护系统故障/泄漏主要是碰撞、搁浅等事故引起的。

根据各事故场景的事件树模型可以分别计算出各场景的后果。

5.3.2　模糊综合评价方法示例

根据上述分析计算过程可以看出,该方法高度依赖过往事故统计数据,这些数据需要具有统计学意义,信息的不确定性小且目前的情况与事故统计数据的时间段具有可比性。但对于 LNG 船舶夜航来说,可获得的事故数据较少,运用该方法将存在较大困难。

通常,我们在表达一个概念时会用指明概念的内涵和外延的方式来描述,从集合论的二值逻辑来看,就是非此即彼,没有模棱两可的情况。也就是说,任何一个被表达的概念其内涵和外延都是明确的。然而,现实世界中存在着大量的模糊现象,没有明确的外延来描述它们的概念,都是模糊概念。例如,"年老""年轻""胖""瘦"均无法明确指出其外延。其中的根源就在于模糊现象之间的差异不是绝对的,存在着中间过渡性、亦此亦彼性。

LNG 船舶夜航风险同样是一个模糊概念,受人、船、环境、管理等多种影响,在这些因素的共同作用下 LNG 船舶也不是一定发生或不可能发生风险,这就说明了 LNG 船舶夜航的模糊性,可以采用模糊综合评价的方法进行 LNG 船舶夜航风险评价。

模糊综合评价有三要素:

①因素集 $U = \{u_1, u_2, \cdots, u_n\}$;

②评价集 $V = \{v_1, v_2, \cdots, v_m\}$;

③单因素评价矩阵 $R = \begin{bmatrix} r_{11} & r_{12} & \cdots & r_{1n} \\ r_{21} & r_{22} & \cdots & r_{2n} \\ \vdots & \vdots & & \vdots \\ r_{n1} & r_{n2} & \cdots & r_{mn} \end{bmatrix}$。

因素集是评价对象的各个影响因素组成的集合,其中 $u_i (i=1,2,\cdots,n)$ 是若干个影响因素,一般地,每个影响因素的重要程度不一样,为了反映各因素的重要程度通常建立因素权重集 $A = \{a_1, a_2, \cdots, a_n\}$,权数 a_i 反映了各个因素对"重要"的隶属度,权数 a_i 满足归一性和非负性,$\sum_{i=1}^{n} a_i = 1, a_i \geqslant 0$;对 U 中的单个因素 u_i 进行单因素评价,确定 u_i 对评价等级 V_j 的隶属度,得到单因素评价向量 $r_i = (r_{i1} \quad r_{i2} \cdots r_{in})$,对 U 中所有因素进行评价,得到总的评价矩阵,称之为单因素评价矩阵 R,R 的第 i 行反映了第 i 个因素影响评价对象各个判断元素的程度;R 的第 j 列反映了所有因素影响评价对象取第 j 个判断元素的程度。因此,可用每列元素之和来反映所有元素的综合影响。当已知权重集 A 和单因素评价矩阵 R 时,便可进行模糊综合评价。

$$B = A \times R = \{a_1, a_2, \cdots, a_n\} \times \begin{bmatrix} r_{11} & r_{12} & \cdots & r_{1n} \\ r_{21} & r_{22} & \cdots & r_{2n} \\ \vdots & \vdots & & \vdots \\ r_{n1} & r_{n2} & \cdots & r_{mn} \end{bmatrix} = \{b_1 \ b_2 \cdots b_n\}$$

模糊综合评价方法中最重要的是构建因素集。LNG 船舶夜航系统是一个包含人、船、环境、管理的复杂系统,可以从人、船、环境、管理四个维度构建 LNG 船舶夜航事故因素集,即评价指标体系。根据过往 LNG 船舶数据及其他船舶的夜航事故数据,结合 LNG 船舶夜航实验及相关专家的意见,与 LNG 船舶夜航安全相关的因素包含但不

限于:

1.人为因素

人为因素指人的行为或使命对一特定系统的正确功能或成功性能的不良影响。美国海岸警卫队在 1994 年开展的 PTP(Prevention Through People)计划结果表明:海上事故 80% 以上是人为因素造成的,这充分说明人为因素在船舶安全中的重要性。问卷调查的数据同样显示,船舶白天航行和夜间航行的主要区别在于照度的不同,从而引发人为因素的变化,进而增加作业风险。

(1)感知能力

影响 LNG 船舶夜航的感知能力主要包含两个评价指标,即深度知觉感知能力和速度知觉感知能力。

①深度知觉感知能力

深度知觉是人眼感知三维世界的一项重要的视能力,它可以辅助人感知物体的凹凸和前后。其中用来帮助人类形成立体视觉的信息称之为深度知觉线索。LNG 船舶夜间进出港和靠离泊过程中,对于驾引人员来说精准的深度感知能力是保证水上交通安全的关键。在进出港航行和靠离泊作业过程中驾引人员要不断地对周围可能存在的碍航物或他船的距离进行判断,这些判断会为驾引人员的后续决策和操作提供主要依据。夜间条件下深度知觉能力会影响驾引人员在以下两种情况的判断:

a.判断本船与他船或周围其他物体的距离,例如追越距离的判断,船舶航行时与周围碍航物之间的距离等;

b.一个物体与另外一个物体之间的距离判断,例如判断他船与周围障碍物的距离,浮标之间的距离等。

此外,夜间工作环境明暗程度的频繁变换(如常看雷达荧光屏、出入海图室等),往往加剧了眼睛的疲劳程度。同时,人眼在夜间对颜色的分辨力较差,对距离的判断会习惯性地借助于物标的亮度来识别,这就常会把亮度大的物标误远为近;反之,又可把亮度较差的物标误近为远、误小为大。同时,夜间环境下,物标自身的识别特征与白天相比有较大变化,通常明显减弱物标识别特征会随着气象条件和周围环境的不同而发生变化的,夜间的视觉环境受气象条件和月光的亮度影响显著。如在月光下,水会呈银白色,沙滩会呈灰白色,两者易混淆;风平浪静时,岸线背向月光一边的山峰、岛屿等会有阴影倒映在水中,当船舶航行时,常会误认为有危险而偏离航道;面向陡峭高山或高大建筑物航行时,又会觉得物标就在眼前似的;而面向低平岸滩或低矮物标航行时,又会误认为物标还很远。这样,容易对物标的实际位置及周围环境作出错误判断。

②速度知觉感知能力

速度知觉属于运动知觉,是视觉知觉和时间知觉共同作用的产物,指人对运动物体速度的判断,对人的正常生活具有重要意义。对 LNG 船舶驾引人员而言,船舶在航行过程中,判断本船及他船速度通常采用两种方式:一种是直接观察驾驶台实时反映本船速度的设备仪器(AIS),从中直接获取本船或他船速度信息;另一种是根据海面或陆地岸边的固定参照物,如浮标、灯塔等,这种判断对驾引人员是一种复杂能力的体现,主要包括感知、判断和操作三个部分。感知部分即操纵 LNG 船舶的过程中的视觉搜索模式,通过观察外界固定参照物的变化来判断本船速度。判断和操作部分是指驾引人员在感知到本船速度后,做出判断,进行相应的操作。但是,夜间进出港航行过程中,由于外界参照物的减少,驾引人员很容易在速度知觉判断上出现偏差。

(2)视觉绩效

夜间航行与白天航行相比,一个很重要的区别体现在夜间人眼视觉与白天相比会受到明显的限制。具体表现为驾引人员视力明显下降,夜间人眼存在暗适应过程,夜间观察容易形成错觉,受视距所限,驾引人员反应速度相对变慢。这些现象的存在均会对 LNG 船舶驾引人员夜间的正常工作产生一定的影响。

①夜间视力下降

从白天到夜间,自然光线的变差会在很大程度上影响到驾引人员的视觉,相关研究表明,夜间人的视力通常要比白天下降 50% 以上,尤其在气象条件不佳时,人眼视力会进一步地降低。LNG 船舶驾引人员视力的强弱直接关系到对物标识别的及时性与准确性。夜间驾引人员视力的下降会大大缩短其发现物标的距离,大大降低了驾驶员辨别物标的准确性,从而增加船舶航行风险。

②暗适应现象

人眼从明处转向暗处,视力需要有一个适应的过程,由于人眼的暗适应能力较差,这个适应过程通常需要好几分钟。例如夜间船舶进出港口时,需要引航员登轮引航。引航员登轮后,从甲板到驾驶台,是一个由明处转向暗处的过程,引航员往往需要一段时间来适应暗环境,而在这段适应的过程中,往往存在着发生危险的可能性。

③夜间观察容易形成错觉

夜间工作环境明暗程度的频繁变换,如常看雷达荧光屏、电子海图屏幕,出入海图室等,往往会加剧驾引人员眼睛的疲劳程度。同时,人眼在夜间对颜色的分辨能力较差,在判断物标的距离时,往往会习惯性地借助于物标的亮度来识别,这样就会造成一定的观测误差。此外,容易在物标方位特别是物标舷角的判断上形成错觉,进而导致对物标的运动状态的分析判断出现差错。

④受视距所限,驾引人员的反应速度相对变慢

LNG 船舶夜航期间,人眼的视距与白天相比会受到明显的限制。这种限制会致使驾引人员在观察周围环境时,参照物相对较少,视野相对变窄,观察的灵敏度有所降低,反应速度也会相应变慢。特别是当物标可见距离大为缩减时,可供驾引人员判断的物标,尤其是来船动态的时间会大为缩减,一旦遇到危险局面,很可能会使得驾驶人员措手不及。

(3)注意力

注意力包括注意力集中程度和注意力广度两个指标。注意力是指人的心理活动对一定事物的指向和集中。注意力能力在 LNG 船舶夜航过程中至关重要,注意力集中程

度较高的时候,其反应能力和决策能力也相对较强。驾引人员在操纵 LNG 船舶夜间进出港的过程中,要求其注意力集中在航行及与航行相关的环境信息上,对船舶操纵过程中的交通信息能够及时地反馈和处理,从而能够保证实时把握交通信息,并且能够准确地操纵反应,保证 LNG 船舶航行及作业的安全。

(4)业务技能及操作经验

业务技能是指 LNG 船舶夜航作业人员对船舶专业及安全的所有相关知识和技能的掌握运用水平;操作经验是指根据上岗时间的不同对相关操作的熟悉程度。作业人员业务及经验决定了作业的规范性与规避和应对风险时的及时性、稳定性。由于目前 LNG 船舶仅限白天靠离泊,因此,LNG 船舶、拖轮、引航员、码头方面均缺乏 LNG 船舶夜间靠离泊作业的经验,这可能导致作业流程的不顺畅,作业过程中难以预见风险以及出现紧急情况不知如何应对,严重影响 LNG 船舶的夜航安全。

(5)思想素质

LNG 船舶夜航参与人员(指完成整个 LNG 船舶夜航作业的所有相关人员,包括 LNG 船员、引航员、拖轮/带缆艇船员、岸上系缆工人和调度人员等)的思想素质主要包括职业道德、安全态度、进取心三个方面。

①职业道德

职业道德是指在从事某项职业的过程中应遵循的与该职业自身特征相符的行为准则。LNG 船舶夜航参与人员的职业道德是指其在参与 LNG 船舶夜间进出港和靠离泊整个作业中应遵守的行为准则,包括遵纪守法、服从领导、同心协力、忠于职守等。LNG 船舶夜航参与人员的职业道德在一定程度上反映了其事业心和对本职工作的热爱程度。因此,LNG 船舶夜航参与人员职业道德的好坏必将影响到 LNG 船舶进出港和靠离泊作业的安全程度。

②安全态度

安全态度是对安全意识的外在反映,LNG 船舶夜航参与人员端正的安全态度是保证 LNG 船舶夜间进出港和靠离泊作业安全的基本条件。LNG 船舶夜航参与人员只有具备了正确的安全意识后,才能拥有良好的安全态度,进而采取安全可靠的行动。

③进取心

进取心是指 LNG 船舶夜航参与人员在工作中的积极性,一个有进取心的工作人员,会在平时的工作中积极学习有关知识与技能,使自己的业务技能得到提升,有利于 LNG 夜航作业的安全。

(6)健康状况

健康状况包括生理状况与心理状况两部分。生理状况主要指驾引人员的身体健康程度,由于 LNG 船舶夜航作业工作环境特殊,工作强度大,驾引人员不但要能承受长时间的持续工作,而且要承受生理节律变化对身体状况的影响。显然,没有健康的身体状况,很难保障 LNG 船舶夜航作业的安全性。此外,由于航海的特殊性,船员工作生活空间狭小,环境嘈杂,远离亲人与正常的社会交际,这些因素都有可能造成船员心理状况问题。然而,心理状况的好坏对船舶航行安全非常重要,特别是当面临紧急情况时,心理状况对船舶航行安全的作用体现得尤为突出。

(7)疲劳程度

目前,疲劳作为人为错误的一个主要致因已经受到航运界的广泛关注并进行了一系列深入的研究。在船舶驾驶过程中,船员出现疲劳并非个别现象,由于船员工作的特殊性,疲劳广泛地存在于船员的日常生活与工作中。然而,若驾引人员在 LNG 船舶夜航作业过程中产生疲劳,容易造成疏于瞭望、判断失误、反应迟钝等一系列的不良反应,在很大程度上会影响到驾引人员的正常操纵,甚至会影响到 LNG 船舶夜航作业的安全。此外,由于人的生活节律及周围环境的影响,夜间驾引人员更容易产生疲劳,尤其是在凌晨 3 点到 6 点疲劳程度更为严重,从而可能造成船员出现疏忽瞭望、安全措施采取不及时、操作不当等影响船舶航行安全的行为,因此,本项目将疲劳作为一个单独的评价指标。

2. 船舶因素

船舶因素是船舶的现实属性。船舶因素虽不是 LNG 船舶夜航风险的特异性危险源,但是考虑到夜间照度对作业人员视野、反应灵敏度、相对方位距离的判断等方面造成的影响,因船舶因素导致 LNG 船舶夜航风险事故相较于白天,在应对上将更为棘手,可能造成比白天更严重的后果。

(1)船龄

船龄能直接反应船舶的建造年份,从而间接得到当时的建造工艺水平,显然,船龄越小,船舶建造工艺越精良。相反地,船龄越大,船体老化、腐蚀、疲劳,船舶机械设备发生故障的概率也越大。相关研究数据表明,13 年及其以上年份的船舶已进入损耗甚至失效期。根据海事事故统计,船龄每增加一年,事故率同比增长 0.35% 左右。

(2)船舶尺度

相关研究表明,船舶事故发生率与船舶尺度有着密切联系,在其他外界条件与船舶条件相同的情况下,船舶尺度越大,事故的发生率越高。究其原因,船舶尺度越大,则惯性越大,相应的操作灵活性越低,同时船舶尺度越大,构成船舶的各子系统的结构也越复杂,出现故障的概率也就越高。进港船舶的平均水上交通事故发生率与船长的 3/2 次方成正相关,而船舶平均事故概率与船舶尺度的关系为:

$$C = 0.00141T + 0.0009$$

其中,C 表示船舶事故概率;T 表示船舶吨位(的数值),从该式中明显可以看出船舶事故率随船舶吨位的增长而增加。另外,LNG 船舶吨位也与其载货量相关,载货量越大,一旦发生 LNG 泄漏或爆炸等事故,所造成的危害和后果也越大。

(3)装载情况

船舶装载情况直接影响着船舶重心高度、船舶横摇角等相关稳性参数,从而影响到船舶稳性,船舶在不同装载情况下,相关的稳性参数是不一样的,诸如初稳性高度、横摇角及最小倾覆力臂等均会随着船舶的装载情况不同而发生变化。所以船舶装载情况在很大程度上影响着船舶航行安全。

（4）操纵性能

船舶操纵性是指船舶对外界干扰或操纵者操纵的反应能力。船舶操纵性能包括船舶的旋回性能、航向稳定性、应舵性能及停船性能等，它们与船舶的吃水、吃水差、横倾、纵倾、船体结构等因素有关。一艘操纵性能好的船舶，既能按操纵人员的要求，方便、稳定地保持运动状态，又能迅速、准确地改变运动状态。

（5）维护保养状态

在长期的运转过程中，船舶的船体结构、机械设备设施等，由于受到各种因素的影响，会逐渐被腐蚀、磨损，从而导致船舶相关零部件失效，设备发生故障，影响船舶的航行安全。维护保养状态直接影响船舶的航行安全和船舶的使用寿命。挪威 ODFJELL 公司曾对船舶的维护保养程度与船舶使用年限的关系进行分析，结果显示，经过精心维护保养的船舶，其使用年限更长。定期对船舶进行维护和保养，可以有效减缓船舶的老化程度、船体的腐蚀程度，降低船舶的作业风险。

（6）夜间关键设备运转状态

LNG 船舶夜间进出港和靠离泊作业需要的关键装备与白天有所差异，由于夜间环境照度很低，驾引人员视觉绩效差，导致目视瞭望存在困难，需要借助雷达、AIS 及其他高精度定位仪器设备来达到白天目视瞭望的效果。由于夜间对速度和深度知觉的感知能力下降，需要借助岸上的辅助靠离泊系统评估本船位姿数据，从而安全靠离泊。因此，夜间关键设备的正常运转是保证 LNG 船舶进出港和靠离泊作业安全的重要保障。

3. 环境因素

（1）风、浪、流的影响

风、浪、流对船舶进出港航行的影响主要表现为风致漂移、流致漂移等的影响，使船舶偏离设定的航线。

（2）能见度的影响

能见度影响船舶驾驶员的视线，能否及时清晰地观察到海上的状况取决于能见度的好坏。虽然借助雷达等助航设备也可以接收到信息，但效果不直观，且由于雷达盲区、假回波等因素干扰，获得的信息可能存在一定的错漏。根据相关统计，船舶所发生的事故数与能见度成指数关系，具体关系为：

$$K = 90 \times D^{-0.8}$$

其中，K 为船舶事故数；D 为能见距离（km）。由此可见，能见度状况在很大程度上影响着 LNG 船舶夜间进出港和靠离泊作业的安全性。造成能见度不良的天气有雾、雪、雨和雹，其中雾的影响最大。当能见距离小于 4km 时，对航行安全有一定的影响；当能见距离降至 1km 时，事故数急剧增大。通常选择能见距离在 2km 以内的能见度不良状态的天数作为通航水域船舶航行环境中能见度危险程度的评价指标。

（3）周围背景灯光影响

根据视觉工效学原理，LNG 船舶夜间在周围背景灯光影响较为严重的水域航行时，船舶周围高亮度的干扰灯光会对船舶驾引人员产生强烈的眩光，从而导致驾引人员出现眼睛疲劳、精神紧张等状况,严重影响其对船舶号灯的识别及正常的航行值班。周围背景灯光主要考虑三个方面,即建筑景观灯光、港口照明灯光和船舶作业灯光(尤其是渔船捕鱼灯光)。

(4)航道条件及导助航条件

在交通运输工程学中,航道是指水道中具有一定深度、宽度、净空高度和弯曲半径,能提供船舶安全航行的水域。本书研究的航道条件主要是狭义的 LNG 船舶从引航员登船点到码头的进出港航线。影响船舶航行安全的航道条件主要指航道的曲率半径、航道宽度、航道水深及障碍物等,航道条件越好,船舶危险性越低。

港区内导助航设备设施是为了给船舶提供安全保障,一般地,会在港区范围内设置灯桩、雷达塔、转向灯、浮标等,此外,山脉、岛屿等自然条件也会成为引导船舶进港等行为的重要标识。LNG 船舶进出港航道水域布置了完善的导助航设施,但是夜间在背景灯光的影响下,可能导致助航标志辨识度下降,从而造成 LNG 船舶选择航路错误造成搁浅等事故。

(5)通航密度

通航密度指在单位时间内通过某一航道断面的船舶或船队数量,通航密度大的水域,船舶间的距离相对降低,如果操作不当极易造成船舶碰撞事故,尤其是夜间环境下,船舶驾引人员绩效下降,对他船方位、距离判断不如白天准确,将会增大船舶间的碰撞风险。

(6)小型船舶

受夜间环境的影响,小型船舶违章航行的情况较白天多,对 LNG 船舶夜航安全存在不利影响。一方面,小型船舶船型尺度小,在夜间照度不良的情况下,通过肉眼观察可能难以辨识,加上渔船、游艇等小型船舶均未配备 AIS 等助航设备,LNG 船舶雷达天线较高,通过助航仪器瞭望可能也难以发现位于雷达盲区内的小型船舶。另一方面,部分渔船采用拖网作业方式,位于水中的拖网可能会缠绕在 LNG 船舶螺旋桨上威胁 LNG 船舶的航行安全。

4.管理因素

(1)安全作业规程

安全作业规程包括安全技术知识、安全作业标准、操作步骤和注意事项,是指导 LNG 船舶夜航安全作业的规范。完善的安全作业规程可以指导作业人员有序作业,避免不必要或不规范的操作带来的作业风险。

(2)现场监管

安全作业规程是指导 LNG 船舶夜航安全操作的指南,但要最大限度地避免 LNG 船舶夜航风险的关键是把安全作业规程落实,通过现场监管可以有效地对夜航作业过程进行监督,避免作业风险。

(3)应急设施设备及应急响应程序

风险管控工作包括两个阶段,第一阶段是通过预防风险的手段将风险扼杀在萌芽阶段,风险预防是风险管控工作的重中之重,但是,风险是客观存在的,只能尽力降低风险但无法完全杜绝风险,那么发生风险后如何应对风险也是风险管控的重要内容。因此,第二阶段就是应急响应阶段,即面对突发情况,组织人员和协调各种资源(包括应急设施设备),实行有效的救援和处理措施,尽可能使风险得以管控。

(4)人员配置

LNG 船舶夜间进出港和靠离泊作业的参与人员主要包括引航员、LNG 船员、拖轮/带缆艇船员、接收站操作和管理人员、码头系缆工人等。由于夜间作业过程中视距变差,导致视觉绩效变差、感知能力受限和容易感觉疲劳,进而引发风险,因此合理地增加人员配置是降低作业风险的有效措施。

在构建指标评价体系的基础上,通过问卷调查、专家打分、实验等方法获取具体的指标权重数据即可得到 LNG 船舶夜航的风险值。风险评价还有多种方法可用,在具体评价时可根据实际情况选择。

6 LNG 船舶夜航风险缓解措施

6.1 航行与作业环境风险及风险缓解措施

6.1.1 航行与作业环境条件的风险

通过实验结果、航行与作业事故致因分析风、浪、流和能见度等自然条件是否会对船舶夜间进出港、靠离泊安全造成影响及影响程度,并有针对性地制定风险缓解措施。

一般而言,受到环境照度不良的影响,LNG 船舶夜航作业较白天的难度更大,LNG 船舶和拖轮在保持直线航行能力、转向时机选择能力等方面与白天相比存在较大差异。因此,需要从航行与作业条件限制、环境检测和预报等角度缓解 LNG 船舶航行与作业环境条件方面的风险。

6.1.2 风险缓解措施

6.1.2.1 环境监测

基于对 LNG 船舶夜间进出港及靠离泊作业风险评估,建议对 LNG 夜间航行及作业期间的环境数据进行监测,具体监测参数包括:

(1)气象要素(风、气压、温度、能见度、降水等);

(2)天气现象(雷暴、台风、雾霾等恶劣天气现象);

(3)海况(波浪、涌浪、海流、潮汐)。

上述环境监测数据建议由专业部门(如港口所在地区气象局、国家海洋局南海预报中心等)提供。

6.1.2.2 环境预报

为实现对 LNG 船舶夜间进出港航行及作业风险的预评估,保障 LNG 船舶夜间进出港航海及作业安全,建议收集和利用专业机构的环境预报数据,具体包括:

(1)天气预报(风、气压、温度、能见度、降水、主要天气现象等):

(2)海洋环境预报(波浪、涌浪、潮汐等)。

预报区域应包括港口所在地的整个区域。预报时效不超过 72h;海洋环境预报至少 6h 更新 1 次,天气预报至少 3h 更新 1 次。

6.1.2.3　航行与作业环境条件限制

LNG 接收站管理机构在收到环境不良信息预报后,应及时分析评估风向、海流、海浪、能见度等对船舶航行和锚泊的影响,适时发布安全预警,视情况采取水上交通管制等预控措施;船舶在收到管理机构发布的不良预警预控信息后,应积极采取防范措施,并服从管理机构的指挥。

考虑到 LNG 船舶夜航作业的特殊性,一般而言,夜间进港航行时风力不宜超过 5 级,除应急撤离外,夜间离港风力不宜超过 6 级,夜间进出港航行的能见度应不小于 5km,降水强度不应超过中雨(具体取值应结合接收站码头实际情况,借助船舶操纵模拟实验,结合专家调研综合确定)。考虑到码头结构复杂,为避免眩目现象,码头及码头附近水域的照明条件满足《液化天然气码头设计规范》(JTS 165-5—2021)的要求即可。

6.2　船舶风险及风险缓解措施

6.2.1　船舶风险

LNG 船舶夜航时的船舶风险主要是夜航关键设备(如导助航设施、照明设备、安全通道、应急拖缆等)缺失或失效,LNG 船舶船龄、船舶维护保养状态和船舶技术状态不满足要求等。此外,LNG 船舶夜航期间可能存在光污染,会对 LNG 船舶夜间进出港和靠离泊作业期间瞭望和目标识别带来一定的影响。图 6.1 所示为国内某 LNG 接收站附近船舶作业灯光的实景图。

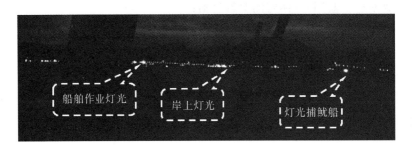

图 6.1　国内某 LNG 接收站附近船舶作业灯光实景图

航行在光污染水域中,引航员有时会产生视错觉,例如:在背景光较强烈的水域,通常瞭望时容易将雷达真假目标回波混淆等。由此引发的驾引人员对航行信息的判断失误也会有所增加,引航员夜间引领船舶进出港、靠离码头、抛起锚操作等,绝大部分都必须通过视觉瞭望获取信息,做出判断,从而下达准确指令,协同船方完成引航作业。综上所述,由于港区内大量光污染的存在,对引航员夜间引领船舶进出港瞭望产生极为不利的影响。具体表现在:

（1）即使在能见度良好的条件下，号灯也不易被他船发现，特别是小型船舶，其号灯的光照距离较小，更不易被大船引航员发现；

（2）对部分号灯色度较差的船舶，引航员难以辨认红绿舷灯及尾灯环照灯，进而造成对他船航行态势感知错误，会遇态势判断出现误差，从而引发碰撞危险，甚至发生紧迫局面；

（3）在辨认目标时，判断目标与本船距离时错误，通常在光污染水域中，引航员判断目标的距离会比实际距离短，在采取避让措施时，容易造成行动过早，与他船形成新的会遇局面，错过最佳避让时机；

（4）在采取避让行动过程中，紧迫局面时他船往往突然改变航向航速采取避碰行动，这种对他船局势突然变化，在光污染水域中，引航员会反应延迟；

（5）光污染影响了对导航助航标志的辨认，特别是在能见度受限的条件下，导航助航标志的辨别更加困难。

6.2.2 风险缓解措施

6.2.2.1 夜航安全检查

1. LNG船舶导助航仪器和通信设备检查

检查LNG船舶是否满足以下设备配备要求，且设备工作正常。

（1）2台独立工作的雷达和雷达自动标绘仪；

（2）至少2套满足IMO要求的能够独立工作的操舵系统；

（3）至少2套卫星导航与全球定位系统（GPS）；

（4）至少2套独立的AIS系统；

（5）至少2套独立的ECDIS系统；

（6）至少2套VHF系统；

（7）工作照明灯具（甲板照明灯、室内照明灯等）。

2. LNG船舶消防设备检查

检查LNG船舶是否按照《1974年国际海上人命安全公约》（简称SOLAS公约）、《国际散装运输液化气体船舶构造和设备规则》（IGC Code）以及中华人民共和国相关法律法规的要求配备满足要求的消防设备设施，且消防设备设施工作正常。

（1）能够覆盖生活区、集控室和所有货物主控阀的自动喷水灭火系统。

（2）传统消防系统。

（3）用于LNG船舶的干粉灭火系统。

（4）用于保护机舱、应急发电机、货物压缩机的二氧化碳灭火系统。

（5）声光报警系统、烟火探测报警系统等正常工作。

(6)消防员装备要求见表6.1。

表 6.1　消防员装备要求

货舱总容积	装备的数量
5000m³ 及 5000m³ 以下	4 套
5000m³ 以上	5 套

(7)除消防员装备以外,还应对每一个允许进入充满气体的住所的工作人员提供足够的且不少于2整套的安全设备。对于载货容积为2000m³及以上的船舶,还应配备2整套的安全设备,每1具自给式空气呼吸器应至少配备3支充满空气的备用空气瓶。

3.LNG船舶证书与各类文件检查

(1)国际散装运输液化气体适装证书(FITNESS及其附件)。

(2)在液化天然气船舶任职的船员,必须具有液化天然气船舶的相关安全知识和操作技能,持有相应的适任证书或特殊培训证书。要经过特殊消防、防污染措施和方法、液化气体船舶布局、货品危险性和处理设备、液化气船舶相关术语等方面的知识培训及相关的实操培训。

(3)二氧化碳钢瓶的称重报告:钢瓶应当是按照要求进行定期称重的,应证明该气存量符合要求。

(4)二氧化碳钢瓶管路的吹通实验检验报告(按照公约要求定期进行吹通试验,工作状况正常)。

(5)货物作业软管的相关检验报告和各类合格证书(按照要求定期进行检验并证明合格)。

(6)货物记录簿应当按照相关要求正确记录并妥善保管。

4.安全通道检查

(1)船岸间是否有安全通道;

(2)船方是否安排了有效甲板值班,船岸双方是否配齐了足够的值班人员;

(3)舷梯及安全网的放置是否符合规范;

(4)是否按使用说明连接/拆除登船梯;

(5)登船梯是否固定在船上。

5.应急拖缆检查

(1)是否正确放置了应急钢丝拖缆;

(2)应急钢丝拖缆是否能被有效使用;

(3)应急钢丝拖缆是否备有合格证书;

(4)放置的应急钢丝拖缆夜间是否有标识。

6.2.2.2　夜航助航设备配备

1. 照明设备配置建议

除保证船舶航行灯、工作灯的正常工作外：

(1)接送引航员的拖轮除已经安装的工作照明设备外,加装一台可以转动方向的探照灯；

(2)被引 LNG 船舶在舷梯附近安装工作灯。

2. LNG 船舶导助航设备配置建议

(1)如有条件,建议配置差分导航与全球定位系统(DGPS)；

(2)红外热成像夜视仪。

3. 拖轮导助航设备配置建议

建议配置红外热成像夜视仪。

6.2.2.3　光污染的缓解措施

海上光污染问题很难在短时间内得到有效解决,LNG 船舶在海上光污染环境下夜航时应采取相应安全措施,以保障船舶的航行安全。LNG 船舶夜航安全措施包括:熟悉航行环境,使用一切有效手段(包括红外热成像夜视仪和航行仪器配合使用辅助瞭望)进行正规瞭望,并运用良好船艺避让他船等。

海事主管机关作为水上交通安全的主管机关,也应针对海上光污染问题采取有效的管理措施,保障船舶夜航安全。根据光污染影响船舶夜航安全的诸因素,海事主管机关可采取以下安全管理措施:确保助导航标志正常显示；改善光污染较为严重水域的助导航标志性能,如配布带雷达应答器(Racon)的浮标；VTS 对船舶提供安全信息等。

6.3　LNG 船舶夜间航行风险及缓解措施

LNG 船舶夜间航行是指夜间 LNG 船舶在引航员引航拖轮护航条件下在进出港航道内航行的过程,该过程涉及引航员登离船风险及 LNG 船舶航行风险。

6.3.1　引航员登离船风险及缓解措施

引航员登离船风险主要包括夜间因操作不当导致的引航艇与 LNG 船舶碰撞、引航员落水等风险,风险缓解措施为：

(1)夜间引航员登离船作业前检查接送引航员的引航艇/拖轮照明设备,确保设备正常工作。有条件的情况下,建议引航艇/拖轮顶部加装可以转动角度的作业灯,引航员夜间登离船时应控制灯光跟随引航员。被引 LNG 船在舷梯附近安装工作灯,加派一名接引船员负责控制工作灯。

（2）建议风力不高于 6 级时进行夜间引航员登离船作业（具体取值应与引航站专家沟通，依据码头条件综合确定）。

（3）登离船过程中建议相对船速控制在 3kn 内。

（4）引航员按照夜间作业程序检查引航梯。

6.3.2　LNG 船舶航行风险及缓解措施

因夜间照度不足、人员疲劳、心理压力大等因素，LNG 船舶夜间进出港航行过程中可能存在与护航拖轮、过往船舶、渔船及水面碍航物碰撞的风险，尤其是夜间小型渔船、游艇等，这类小型船舶尺度小且大多未安装 AIS 设备，夜间难以识别。此外，还可能存在航道内渔网缠绕 LNG 船舶车舵的风险或遇到紧急情况（如船舶意外发生火灾、LNG 泄漏、事故撞击、船舶设备故障、船舶结构损害、LNG 存储系统故障、船舶结构长期性疲劳损伤、系泊松动等意外情况）等，相应的风险缓解措施如下：

1. 交通管制时间

交通管制时间以 LNG 船舶夜间进出港作业时间为基准，进港管制时间一般长于出港管制时间。

2. 交通管制区域

LNG 船舶夜间进出港航行期间，交通管制范围一般为引航员登离船水域至码头前沿。

3. 交通管制实施方式

在 LNG 船舶进出港航行中，不同的交通管制方式主要通过航行通（警）告、现场交通管制、VTS 动态管制来实施。

（1）航行通（警）告

交通管制的具体时间、管制区域以及交通管制期间船舶设施的航行规则一般可通过海事主管机关提前以公告、航行警告、港内 VHF 等形式对外发布，有关单位、船舶应注意接收。

（2）VTS 动态管制

VTS 动态管制一般由 LNG 船舶航经水域的 VTS 指挥中心来实施。在实施过程中，VTS 指挥中心应与现场交通管制组保持紧密联系，并及时将有关情况通报给现场指挥。现场指挥在需要了解相关水域其他船舶动态时，也可以直接与 VTS 指挥中心联络，VTS 指挥中心应予以及时反馈。

（3）现场交通管制

LNG 船舶进出港航行过程中，采用清道护航的现场交通管制方式。护航船艇数量应根据码头情况，结合 LNG 船舶白天进出港航行方案综合确定，建议 LNG 船舶夜航期间，护航船应比白天护航方案多 1 艘，其中至少有 1 艘消拖两用船和 1 艘护航兼辅助照明船。

护航船舶应根据现场情况，保障 LNG 移动安全区的有效性。LNG 移动安全区范围建议设置为:LNG 船舶艉尾方向各 1.5n mile,左右各 0.5n mile。

6.4 靠离泊作业风险及缓解措施

6.4.1 靠离泊作业风险

LNG 船舶进港靠泊时需要掉头靠泊,离泊时直接离泊。靠离泊作业过程中的主要风险是夜间光线差,船舶驾引人员对码头前沿回旋水域判断错误或船速控制不当(拖轮辅助失效)导致的 LNG 船舶与码头碰撞风险。

6.4.2 风险缓解措施

1.保障码头水域照度

码头水域照度应至少满足《液化天然气码头设计规范》(JTS 165-5—2021)中关于码头照度的要求。

2.辅助靠离泊设备

码头应保障夜间辅助靠泊仪正常工作,并做好相应的应急方案。

建议引航员配备高精度定位装置 DGPS 并接入电子海图。

LNG 船舶靠离泊辅助拖轮数量应根据码头情况,结合 LNG 白天靠离泊方案综合确定。LNG 船舶一般建议靠泊采用 4 艘拖轮辅助,离泊根据船型尺度选择 3 或 4 艘拖轮辅助,并将其中 1 艘拖轮作为指挥拖轮,负责护航船队的指挥。此外,码头附近水域建议安排 2 艘船艇(其中一艘用于清道护航兼应急照明,一艘用于安全应急)执行现场警戒和周边水域的清道护航任务。

3.通信联络

建议码头增设 1 名夜间专门通信联络人员。

6.5 管理风险及缓解措施

6.5.1 管理风险

LNG 船舶夜航面临的管理风险主要包括以下几个方面:

1.作业人员不适任

人员作业安排主要指人员工作和休息时间设置。目前 LNG 船舶白天进出港所需时间较长,夜间进出港时间相比于白天更长。在夜间由于光线较差、参照物减少以及小型船舶违规航行情况增多,驾引人员需频繁辨认海上是否存在碍航物,致使产生更多体力的消耗以及更长的作业时间。夜间本身处于作业人员生理节律低谷,加上进出港时间延长,作业人员更容易疲劳,后续开放 LNG 船舶夜航后,相关人员的作业时间较目前将进一步增加,为了避免在疲劳状态下作业人员反应灵敏度、对自身操作正确性的辨识度降低带来的操作风险,LNG 码头应合理安排作业人员的工作和休息时间。

2.缺乏夜航作业经验

缺乏夜航作业经验是影响 LNG 船舶夜航安全的重要因素。目前,国内 LNG 船舶进港和靠泊作业均在白天进行,除个别应急撤离外,离泊和出港也在白天进行。因此,引航员和拖轮船员缺乏 LNG 船舶夜航常规作业经验,不仅会加重夜航作业的身心负担,也会增大夜航作业风险。

3.缺乏针对夜航作业的安全管理文件、程序要求和应急预案

目前,国内鲜有 LNG 船舶夜间进出港和靠离泊的案例,因此国内港口并无 LNG 船舶夜航相关的安全管理文件、安全管理程序要求和应急预案。

4.通航环境复杂

LNG 船舶设备复杂、技术要求高、危险系数大,LNG 船舶港口所在水域往往是深水良港,除 LNG 码头外还有其他类型船舶码头共存,通航环境复杂,且冬春季大风频繁,对 LNG 船舶夜航的安全监管提出了很高的要求。

6.5.2　管理风险缓解措施

为了从管理角度降低 LNG 船舶夜航的风险,可以采取以下风险缓解措施:

1.分步推进

根据 LNG 船舶夜航作业期间的通航条件、通航安全保障条件、码头安全作业保障条件、引航作业条件等,建议采取分步推进的方式开展夜航作业,具体包括:

第一阶段:白天进港、夜间离港。首先开展 6 个月的试点工作。通过试点,进一步发现和明确夜间离港的风险,同时也便于驾引人员、工作人员熟悉夜航操作,积累夜航经验。试点结束后,由海事主管机关组织试点评估,如果达到预期目标,则可以将白天进港、夜间离港纳入常规运行模式。

第二阶段:夜间进出港。第一阶段常规运行不少于 6 个月后,可以开展夜间进港试点工作,试点时间不少于 6 个月。通过试点,进一步发现和明确夜间进出港的风险,进一步积累夜航经验,特别是进港作业经验。试点结束后,由海事主管机关组织试点评估,如果达到预期目标,则可以将夜间进出港纳入常规运行模式。

2.制定夜航工作手册

制定夜航工作手册,并发放给到港夜航 LNG 船舶,对到港船舶进行安全培训,并根据情况组织到港船舶进行应急演习/演练。

组织有关人员进行 LNG 船舶夜间安全生产业务培训,以增强夜间防火防爆的措施和应变能力。预先配备防爆型对讲机,保证港区、船舶和人命的安全。

组织码头指泊员和码头系缆工人进行夜间码头系解缆业务培训,包括带缆艇的培训,使其熟练掌握系解缆作业,从而在夜间可以密切配合船舶靠离码头作业,确保船舶和码头设施的安全。

组织引航员、拖轮驾驶员提前在夜间现场考察,熟悉和了解海区周围环境、码头、航道、风、流、浪、潮汐等夜间实际情况和拖轮在夜间的操纵状况,针对该海区在夜间的具体情况,如水深、可航水域、海上保护区、碍航物等,进行评估,以便科学合理地制定夜航时的引航方案。

3. 针对相应港口 LNG 船舶夜航制定安全管理文件、程序要求和应急预案

码头应制定专门的夜间靠离泊安全管理制度及安全操作规程,建立健全各项规章制度,主要是根据相关法律法规和主管部门各相关监管要求,参照 SIGTTO 和 OCIMF 等国际行业组织相关操作指南,并结合当地 LNG 接收站卸货码头实际情况,建立并完善 LNG 船舶夜间作业风险管控和安全保障规章制度,如《港口信息与接收站管理手册》《港口设施保安管理规定》和《码头安全管理规定》,以及《LNG 船舶装卸安全作业方案》和《船岸作业突发事件应急预案》等;同时,建立完善装卸作业相关设施操作规程,如《装卸臂安全操作规程》《系泊安全操作规程》和《登船梯安全操作规程》等。

此外,虽然 LNG 接收站卸货码头在现行生产运行及安全管理条件下发生火灾/爆炸风险的可能性非常低,可一旦发生火灾/爆炸事故,造成的损失和影响又是无法估量的,因此除上述两项管理措施外,还应同时采取其他针对性措施,以进一步防控风险、防患于未然。

关于火灾/爆炸风险的其他针对性防控对策,主要应做好两个方面的工作:一是 LNG 船舶卸货作业区域 LNG(泄漏后快速气化)及其气相气体,或是甲烷含量超标的混合气等可燃性气体意外泄漏或异常排放的处置;二是 LNG 船舶装卸作业区域点火源的管控。其中,关于 LNG 及其气相气体,或是甲烷含量超标的混合气体的意外泄漏风险,可通过"应急报告"中 LNG 泄漏风险的防控对策一并予以防控。

4. 提升 LNG 船舶夜航期间的主管机关(海事、港口等)的监管力度

(1)LNG 船只进行夜航靠泊、白天离泊情况。

建议至少提前 3 天决定对指定 LNG 来船拟进行夜间靠泊作业,通过获知精准海况和天气预报、审核船舶资料、与 LNG 船沟通等方式先进行 LNG 接收站与 LNG 船舶针对本次夜航的风险预评估,完成"LNG 船舶夜航风险预评估表",如果预评估结果表明可以进行夜航靠泊,建议接收站(码头)提前 72h 向港口所在地海事局、交通运输局报告夜航风险预评估详细结果,申请批准夜航。

建议 LNG 船舶通过代理提前 72h(航程不足 72h 的,在驶离上一港口时)报海事局(网上 VTS 申报系统通常提前 1 天),申报内容包含船名、国籍、呼号、总长、总吨、船位、上一港、进港目的、艏艉吃水、船舶种类、危险品种类和数量、拖带情况、进出港期间海况预报和天气预报以及预计夜航进港靠泊作业的准确时间。

在计划当晚进行夜航靠泊作业的当天白天，建议 LNG 接收站应根据当天的天气与海况实情、计划夜航晚上作业时间的精准气象预报与 LNG 船舶针对本次夜航的风险进行详细评估，完成"LNG 船舶夜航风险评估表"，并建议在当天工作时间 16：00 前，由接收站（码头）向海事主管机关报告 LNG 接收站与 LNG 船舶对当晚夜航靠泊作业的风险评估结果。

LNG 船舶在进行夜航风险预评估后至开展夜航引航员登船之前航行期间发生可能影响 LNG 船舶夜间进港航行、靠泊作业安全的异常情况，建议当在 LNG 船舶夜间进港前及时通知船舶代理，由船舶代理向海事主管机关递交书面报告，并通知 LNG 接收站（码头），如果异常情况影响较大，取消夜航作业。

（2）LNG 船白天靠泊，只进行夜航离泊的情况。

建议 LNG 接收站（码头）至少提前 3 天决定对指定 LNG 来船拟进行夜间离泊作业，通过获知精准海况和天气预报、审核船舶资料、与 LNG 船沟通等方式先进行 LNG 接收站与 LNG 船舶针对本次夜航的风险预评估，完成"LNG 船舶夜航风险预评估表"，如果预评估结果表明可以进行夜航离泊，建议 LNG 接收站（码头）提前 72h 向港口所在地海事局、交通运输局报告夜航风险预评估详细结果，申请批准夜航离泊作业。

建议 LNG 船舶通过代理提前 72h（航程不足 72h 的，在驶离上一港口时）报海事局（网上 VTS 申报系统通常提前 1 天），申报内容包含船名、国籍、呼号、总长、总吨、船位、上一港、进港目的、艏艉吃水、船舶种类、危险品种类和数量、拖带情况、进出港期间海况预报和天气预报以及预计离泊夜航作业的准确时间。

在计划当晚进行夜航离泊作业的当天白天，建议 LNG 接收站应根据当天的天气与海况实情、计划夜航晚上时间的精准气象预报与 LNG 船舶针对本次夜航的风险进行详细评估，完成"LNG 船舶夜航风险评估表"，并在当天工作时间 16：00 前，建议由 LNG 接收站（码头）向海事主管机关报告 LNG 接收站与 LNG 船舶对当晚夜航离泊作业的风险评估结果。

LNG 船舶在进行夜航风险预评估后至开展夜航离泊引航员登船之前，期间发生可能影响 LNG 船舶夜间离泊作业、出港航行安全的异常情况，应当在 LNG 船舶夜间离港前及时通知船舶代理，由船舶代理向海事主管机关递交书面报告，并通知 LNG 接收站（码头），如果异常情况影响较大，取消夜航离港作业。

（3）LNG 船既进行夜航靠泊，也进行夜航离泊的情况。

建议至少在 LNG 船抵港前提前 3 天决定对指定 LNG 来船拟进行夜间靠泊和离泊作业，通过获知精准海况和天气预报、审核船舶资料、与 LNG 船沟通等方式先进行 LNG 接收站与 LNG 船舶针对本次夜航靠泊和离泊的风险预评估，完成"LNG 船舶夜航风险预评估表"，如果预评估结果表明可以进行夜航靠泊和离泊作业，建议 LNG 接收站（码头）提前 72h 向海事局、交通运输局报告夜航风险预评估详细结果，申请批准该船夜航靠泊和离泊作业。

建议 LNG 船舶通过代理提前 72h（航程不足 72h 的，在驶离上一港口时）报海事局

（网上 VTS 申报系统通常提前 1 天），申报内容包含船名、国籍、呼号、总长、总吨、船位、上一港、进港目的、艏艉吃水、船舶种类、危险品种类和数量、拖带情况、进出港期间海况预报和天气预报以及预计夜航进港靠泊作业和夜航离泊作业的准确时间。

在计划当晚进行夜航靠泊作业的当天白天，建议 LNG 接收站应根据当天的天气与海况实情、计划夜航晚上作业时间的精准气象预报与 LNG 船舶针对本次夜航的风险进行详细评估，完成"LNG 船舶夜航风险评估表"，并在当天工作时间 16：00 前，建议由 LNG 接收站（码头）向海事主管机关报告 LNG 接收站与 LNG 船舶对当晚夜航靠泊作业的风险评估结果。

在计划当晚进行夜航离泊作业的当天白天，建议 LNG 接收站应根据当天的天气与海况实情、计划夜航晚上时间的精准气象预报与 LNG 船舶针对本次夜航的风险进行详细评估，完成"LNG 船舶夜航风险评估表"，并在当天工作时间 16：00 前，建议由 LNG 接收站（码头）向海事主管机关报告 LNG 接收站与 LNG 船舶对当晚夜航离泊作业的风险评估结果。

建议 LNG 船舶在进行夜航风险预评估后至开展夜航引航员登船之前航行期间发生可能影响船舶夜间进出港航行、靠离泊作业安全的异常情况，LNG 船舶应及时通知船舶代理，由船舶代理向海事主管机关递交书面报告，并通知 LNG 接收站（码头），如果异常情况影响较大，取消夜航作业。

综上所述，单次夜航仅进行靠泊或仅进行离泊作业的，在夜航作业之前 72h 完成夜航风险预评估并申报，夜航作业的当天白天，完成夜航风险预评估，在当天工作时间 16：00 前，向主管机关申报。夜航靠泊、离泊都要进行的，在夜航靠泊作业之前 72h 完成靠泊和离泊夜航风险预评估并申报，在靠泊夜航作业的当天白天，完成夜航风险预评估，在当天工作时间 16：00 前申报。在离泊夜航作业的当天白天，完成夜航风险预评估，在当天工作时间 16：00 前申报。一次做完靠泊和离泊的风险预评估：靠泊、离泊各进行当天的风险评估。LNG 船舶夜航作业申报基本流程如图 6.2 所示。

LNG 船舶夜航作业申报基本流程应大致如下：LNG 接收站（码头）公司组织评估单位编制《LNG 船舶夜航安全评估报告》；《LNG 船舶夜航安全评估报告》通过评审后报海事部门与交通运输主管部门备案。每次 LNG 船舶夜航作业前由船舶代理或码头单位向海事与交通部门进行"作业前报告"，"作业前报告"中应详细说明当前作业条件是否已经符合《LNG 船舶夜航安全评估报告》中规定的限制条件；海事部门对"作业前报告"内容进行核实，并按照相关规定办理相关行政许可，单次夜航作业前不再组织评估评价。

（4）LNG 船舶夜间靠离泊时的监管

建议海事部门提升对引航员按超大型船舶的操纵特点靠离码头的要求，LNG 船舶吃水浅、受风面积大，在淌航过程中的舵效差，因此除了及早要求足够的拖轮协助外，还应注意关键转向节点上的船舶速度控制。LNG 船舶港内作业是 LNG 船舶运输最为关键的一环，也是事故易发阶段。

（5）应急处理

目前 LNG 船舶从设计到制造，再到航运管理等各个环节所要求的标准高、管理规范

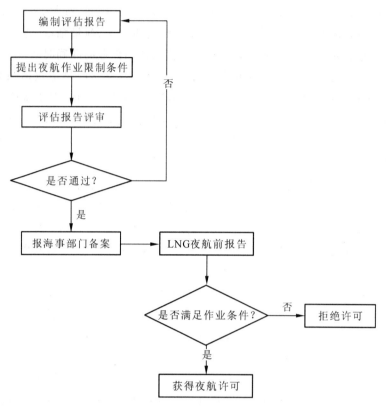

图 6.2　LNG 船舶夜航作业申报基本流程图

严格,出现各种事故的概率相对很低,但事故一旦发生后果将会非常严重。因此,海事部门在对 LNG 船舶日常监护中一定要加强警惕性,高度重视,在 LNG 船舶夜间进出港期间要不间断地监控。VTS 指挥中心对港区内航行船舶的监控和现场巡逻艇对 LNG 船舶安全区域的维护要一直贯彻执行至 LNG 船舶离港。

考虑到 LNG 船舶夜间在航道航行及码头期间,万一发生机器故障、碰撞、泄漏等影响安全的事故,码头管理部门应当制定应急预案,将应急预案、应急设备和器材配置情况报主管海事局备案,并按应急预案组织人员进行培训和演练。督促 LNG 码头进一步完善应急反应体系,提高应急反应能力,切实做到反应迅速、指挥有力、救援有效。船舶应当按照船舶应急计划组织船员进行定期演练。船舶和码头公司应当按照辖区应急预案的要求,进行协同演练。船舶发生事故或货物系统出现异常情况,应当按照计划采取有效措施,并立即报告主管海事局,接受主管海事局调查处理。作业期间发生事故,码头应当采取有效措施,并立即报告主管海事局。海事监管部门要督促、指导和帮助 LNG 码头单位建立体现 LNG 接收站自身特点和夜间实际情况的应急预案,应急预案应涵盖可支配的自身和社会搜救资源,且应具有可操作性。

5.加强 LNG 船舶夜航期间的公司管理水平

(1)LNG 船舶夜间靠离泊作业的安全管理

LNG 船舶夜间靠泊码头、夜间靠泊码头并装卸、夜间离泊码头应符合相关法规、标准、规范的要求。LNG 接收站和 LNG 船舶应做好信息交换,确认夜间安全作业条件。

LNG 船舶夜间靠离泊码头前,码头应保持照明设施和夜间警示灯开启,启动靠离泊辅助系统,摆放泊位旗,放置示泊灯,便于引航员及船员清楚观察靠离的泊位及码头边界。

LNG 船舶夜间靠离泊码头期间,码头的照明和警示设施应满足安全作业要求;码头装卸设备操作区、系缆操作区、工艺阀组区、现场仪表观测点、船岸通道等应具有良好的照明条件。

LNG 船舶夜间靠离泊码头期间,码头和船舶应加大巡检频次。LNG 接收站应加强对工艺管线、阀门、接汇管、仪表、护舷、带缆钩以及靠离泊系统等部位巡检和监视。

LNG 船舶夜间靠离泊码头时,值班人员和作业人员应配备必要的个人防护用品和应急照明工具。巡检人员和作业人员应配备反光安全服装、便携式防爆照明灯、防爆对讲机和便携式可燃气体探测仪。

LNG 船舶夜间离泊码头时,码头和船舶应进行安全检查,确认船舶与码头装卸设施、系泊以及其他辅助设施安全断开,具备安全离泊条件。

LNG 船舶夜间靠离泊过程中应密切关注水域气象状况,如遇恶劣天气或异常情况应立即采取应急处置措施。

(2)LNG 船舶夜间装卸货作业的安全管理

LNG 船舶夜间装卸作业前,码头和船舶应严格按照船岸安全检查表开展联合检查,发现存在影响作业安全的缺陷时,不得开展相关作业,应按规定报告,并及时处置。

LNG 船舶和码头应加强对夜间风、浪、流、潮位等作业环境条件和雷暴等夜间恶劣天气监测,并持续监测缆绳张力,加强对船舶状态的观测,预防船舶发生横移或前后位移,保持装卸臂在其工作范围内作业。

在 LNG 船舶卸货期间,遇到特殊情况,如:雷电天气、风速、波高、流速等作业条件超出《液化天然气码头设计规范》的规定,码头周围发生可能影响作业安全的火警等其他危及 LNG 船舶安全的情况,海事局监督员应及时监督船岸双方是否停止作业及采取相应的安全措施。

LNG 船舶和码头应当严格落实夜间值班值守制度。作业现场管理、中控室、码头控制室、消防、设备和仪表等重点岗位应实时在岗值班,增加夜间值班力量。夜间作业人员禁止疲劳作业或值班。

LNG 船舶夜间在泊作业时,至少应有一艘消防船或消拖船实施监护。消防船或消拖船应在附近水域处于执勤戒备状态,可随时投入灭火作业。

原则上禁止夜间在码头作业区域开展除靠离泊、装卸和应急处置以外的任何作业。确需开展的,应落实提级管理,严格执行特殊作业审批制度,落实现场安全技术措施、安全管理和应急措施,做好作业现场的安全警示和灯光警示。

7 LNG 船舶夜航条件

7.1 通航环境条件

LNG 船舶夜航作业的通航环境条件包括自然环境条件、航行水域条件和交通条件，其限制如下：

7.1.1 自然环境条件

LNG 船舶夜航及靠离泊作业期间，自然环境条件限制的具体取值应结合接收站码头实际情况，借助船舶操纵模拟实验，结合专家调研综合确定。一般而言，LNG 船舶夜航的自然环境条件限制为：

（1）LNG 船舶夜间进港时，风力不宜超过 5 级；除应急撤离外，LNG 船舶夜间离港时，风力不宜超过 6 级。

（2）LNG 船舶夜间进出港时，能见度应不小于 5km。

（3）LNG 船舶夜间进出港时，24h 降雨量不超过 25mm（中雨）。

（4）LNG 夜间靠离泊时，LNG 码头及码头附近水域照明条件应不低于《液化天然气码头设计规范》(JTS 165-5—2021)的要求。

7.1.2 航行水域条件

建议结合各实验结论和风险评价结果，结合 LNG 接收站码头的具体情况，确定航行水域条件。一般而言，LNG 船舶夜航作业过程中的航行水域条件限制为：

（1）LNG 船舶夜间进出港移动安全区范围：LNG 船舶前后扩大到 1.5n mile，LNG 船舶两侧移动安全区维持 0.5n mile。

（2）LNG 船舶夜间进出港期间，应比白天护航方案多 1 艘船艇护航，且其中至少有 1 艘消拖两用船和 1 艘清道护航兼辅助照明船；

（3）航道内导助航设施夜间正常工作，无损坏或功能异常；

（4）港口码头应保证环境照度良好，码头关键区域照度提高至 30lx，

（5）辅助靠泊仪正常工作，无损坏或功能异常。

7.1.3 交通条件

（1）海事局提前发布航行通（警）告，包括活动地点、起止时间、使用的船舶、显示信号等。

（2）在 LNG 船舶夜航作业期间，VTS 负责通航指挥任务，及时安排巡逻船艇现场梳理航道，与 LNG 船长、引航员和拖轮驾驶员保持联系。严格监管控制 LNG 船舶的航行动态，控制 LNG 船舶在港航行速度，实行禁限航规定，控制其他船舶的航行动态，禁止其他船舶穿越 LNG 船舶船首，发布相应的航行警告提醒其他船舶禁止进入 LNG 船舶航行区域。

（3）引导护航拖轮应保证 LNG 船舶移动安全区内无他船进入，且航道内无碍航物（如渔网等）。

7.2　人员组织和配置条件

7.2.1　人员组织

（1）LNG 船舶夜航作业前，建议构建包含港口所属地海事局、交通运输局（港口主管部门）、应急管理局、引航站、码头所属公司、LNG 船舶及其船公司、拖轮公司、护航公司以及其他利益相关方和其他社会应急力量的夜航组织工作小组，各部门明确分工、协调配合。码头所属公司应联合工作小组其他部门通力合作，完善对 LNG 船舶夜间进港前的安全技术评估和安全措施落实制度；完善巡航制度；完善 LNG 夜间航道区域海上交通管制制度；完善交管中心、港口调度对 LNG 船舶夜航作业的动态监控制度。

（2）引航员和拖轮船员应提前组织夜间培训，包括基础理论知识和夜航实际操纵演练（船舶操纵模拟培训和实船培训）。

（3）考虑到夜航期间存在暗适应现象，每次夜航前引航员/拖轮驾驶员根据夜间灯光适应情况，应提前不少于 10min 到船/到驾驶台适应灯光，做好夜航准备。

7.2.2　人员配置

人员配置包括引航员配置、LNG 船员配置、拖轮驾驶员配置、夜航作业指挥人员配置。

1.引航员配置

LNG 船舶夜航期间，需要两名有资历并且熟悉港口所在水域通航环境，具备大型船舶夜间引航作业经验，同时两名引航员必须掌握航海的标准用语，具备良好的沟通与协调能力，能与 VTS、LNG 船舶、拖轮及 LNG 码头熟练沟通，英语良好，能胜任护航船编队的指挥工作，对引航过程中的风险能正确识别，并能采取相应的措施。

2.LNG 船员配置

LNG 船舶夜航期间，应派人到船首进行瞭望，瞭望人员应具有良好的视力水平，且掌握航海标准用语，具备良好的沟通能力，可以将听到或看到的异常情况及时报告给驾驶台。

3.拖轮驾驶员配置

夜航作业期间,拖轮两名甲板部船员应全部到岗,除驾驶员外,另一名船员应随时注意瞭望,补充拖轮驾驶员感知能力受限的不足。拖轮船员还应当熟悉 LNG 船舶及 LNG 的物理性质,经过相关机构的夜航作业专业培训,具备在应急时能识别风险并迅速采取行动的能力,具备安全作业和防污染作业专业知识和技能,保证其行为的规范性。定期参加公司组织的夜航作业应急演练。

4.夜航作业指挥人员配置

夜航作业指挥人员应为有资历并且熟悉港口所在水域通航环境、熟悉《国际海上避碰规则》的船长,并持有船长和 GMDSS 操作员证书,同时该船长必须掌握航海的标准用语,具有较好的沟通与协调能力,能与 VTS、LNG 船舶、引航员及 LNG 码头熟练沟通,英语良好,能胜任 LNG 船舶夜航的指挥工作,对 LNG 夜间进出港和靠离泊过程中的风险能正确识别,并能采取相应的措施。

7.3　设备配置条件

7.3.1　护航船艇配置及设备要求

(1)建议每次夜航开始前,设置并派遣清道船提前 30min 到达指定水域,沿 LNG 船舶夜航的预定航线清理碍航物。

(2)参与护航作业的护航船艇的抗风等级不低于 8 级(根据接收站码头的具体情况综合确定)。

(3)建议参与护航的护航船艇至少有一艘具备消拖两用功能的拖轮。

(4)所有参与护航的船舶配置应满足防火防爆的要求,满足《钢质海船入级与建造规范》要求,通过中国船级社的检验并获得船舶入级证书,护航船舶的烟囱安装有熄火装置,船舶甲板和危险作业处所电器为本质安全型,无裸露的线路,通信设备和天线满足防火、防爆要求。

(5)每艘护航船艇应至少配备固定式或手持式 VHF 对讲机两部,并安装有 AIS 及雷达等航海仪器。

(6)护航船队应配备足够的应急、消防及救生设备。

(7)护航船艇应安装有警示灯,并具有相应的标志标识(如船体涂特定的船漆)。

(8)接送引航员的拖轮应配备适当的照明设备,除已经安装的工作照明设备外,加装一台可以转动方向的探照灯。

(9)建议参与夜航作业的拖轮配备红外热成像夜视仪。

(10)接送引航员的拖轮应安装防止引航员坠落的防护装置,如安全带、连接器、缓冲器、安全绳、自锁器等。

(11)接送引航员的拖轮应在船首加装防滑踏板和防坠落扶手。

7.3.2 LNG 船舶设备配置要求

为确保 LNG 船舶夜航作业安全,LNG 船舶至少应配备满足下列要求的导助航仪器和照明设备:

(1)2 台独立工作的雷达和雷达自动标绘仪;

(2)至少 2 套满足 IMO 要求的能够独立工作的操舵系统;

(3)至少 2 套卫星导航与全球定位系统(GPS);

(4)至少 2 套独立的 AIS 系统;

(5)至少 2 套独立的 ECDIS 系统;

(6)至少 2 套 VHF 系统;

(7)工作照明灯具(甲板照明灯、室内照明灯等)。

7.3.3 引航员设备配置要求

(1)救生衣;

(2)VHF;

(3)高精度导航设备及附属品(如 AIS plug);

(4)激光笔;

(5)便携照明设备;

(6)防滑手套等。

7.3.4 港口设备配置要求

(1)辅助靠泊仪;

(2)码头视频监控系统应具备夜间作业监控能力。

7.4 管 理 条 件

(1)实行"一事一议"制度,LNG 船舶每次夜航均需要向港口所在地的海事局申报,申报提交材料包括但不限于抵港动态及货物信息、夜航作业期间的天气预报、作业条件(含风浪等级)和夜航关键设备设施运转状态(照明设施、导航设施和通信设施等)等内容。如满足 LNG 船舶夜航条件,且拟通过申报,海事部门应当提前发布航行通(警)告。

(2)分阶段开放 LNG 船舶夜航,先开放 LNG 船舶夜间离港作业,待安全运行 6 个月后再逐步放开 LNG 船舶夜间进港作业。

(3)VTS 中心应负责通航指挥任务,及时安排巡逻船艇现场梳理航道,与 LNG 船长、引航员和拖轮驾驶员保持联系。严格监管控制 LNG 船舶的航行动态,控制 LNG 船舶在港航行速度,实行禁限航规定,控制其他船舶的航行动态,禁止其他船舶穿越 LNG

船舶船首,发布相应的航行警告提醒其他船舶禁止进入 LNG 船舶航行区域。

(4)LNG 码头公司应加强人员应急培训和演练,完善应急制度,定期举行 LNG 夜航突发情况应急响应演习。

(5)增加夜航作业安全管理文件和程序要求。

8 LNG 船舶夜航方案

LNG 船舶夜航过程是从 LNG 夜间进港航行开始，到完成靠泊结束，或从 LNG 船舶夜间离泊开始，到完成出港结束。因此，LNG 船舶夜航作业可以分成三个程序加以描述：LNG 船舶夜间进港作业程序、夜间靠离泊作业程序和夜间出港作业程序。

8.1 LNG 船舶夜航作业流程

LNG 船舶夜航可按照图 5.2～图 5.4 所示的流程进行夜航作业。

8.2 LNG 船舶夜航交通组织

8.2.1 LNG 船舶夜航交通组织程序

拟经过公共航道（LNG 船舶夜航进出港外航道）和 LNG 专用航道（LNG 船舶夜航进出港内航道）船舶交通组织程序如图 8.1 所示。

建议 LNG 船舶夜间进出港交通组织由港口所在地海事局协调相关单位组织实施，负责接受和受理 LNG 船舶报告和申请、LNG 船舶进出港航行计划审批、LNG 船舶进出港监护、沿途水域的交通管制、应急管理等工作。

为保障 LNG 船舶夜间进出港通航安全，根据 LNG 船舶计划航线所经水域水上交通管理现状，建议海事局指挥中心（VTS 中心）实施 LNG 船舶进出港夜间交通组织，维护通航水域良好的通航秩序，保障 LNG 船舶夜间进出港通航安全。

8.2.2 LNG 船舶夜航交通组织方案

8.2.2.1 组织结构和组织原则

1. 组织结构

为保障 LNG 船舶夜间进出港通航安全，根据 LNG 船舶夜间计划航线所经水域水上交通管理现状，建议由 VTS 中心实施 LNG 船舶夜间进出港交通组织，维护通航水域良好的通航秩序，保障 LNG 船舶夜间进出港通航安全。VTS 中心在 LNG 船舶夜航中的主要职责介绍如下：

（1）审核预报和确报的 LNG 船舶夜间进出港航行计划；

（2）根据申报的 LNG 船舶夜间进出港航行计划，结合 LNG 计划航线水域当时通航

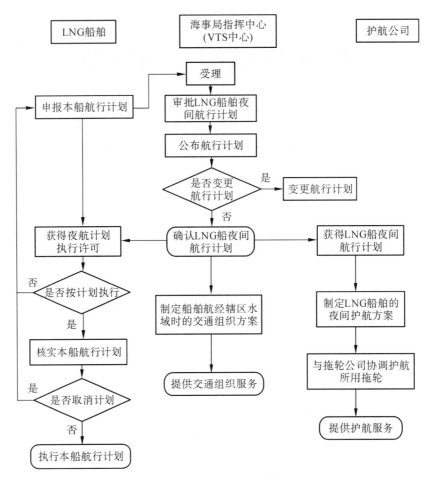

图 8.1 LNG 船舶夜航交通组织程序

环境状况（天气、水文、通航密度等），编制 LNG 船舶夜间进出港航行计划并在其 VTS 网站上公布；

（3）根据 LNG 计划航线水域的通航环境状况及船舶交通流状况，调整、变更 LNG 船舶夜间进出港航行计划，并及时在网站上发布航行计划变更信息；

（4）接受 LNG 船舶通过 VHF 的航行计划核实呼叫，并通过 VHF 向 LNG 船舶确认其进出港时间和次序；

（5）根据 LNG 船舶的报告，及时了解船舶动态；

（6）对 LNG 船舶夜间进出港期间所经水域实施交通管制；

（7）在 LNG 船舶在夜航过程中出现意外或者紧急状况时，根据相关的应急预案和应急部署，启动应急反应程序。

2. 组织原则

在 LNG 船舶夜间进出港过程中，应当在遵守交通组织原则的前提下，采用有效的交通组织手段以保证 LNG 船舶夜间进出港航行安全，具体交通组织原则包括：

（1）安全优先原则

鉴于 LNG 船舶所载货物的特殊性、危险性及严重的危害后果，保证通航安全是 LNG 船舶夜间进出港航行的首要原则。在 LNG 船舶夜间进出港过程中，通常需要采取比白天进出港更严格的交通管制措施，并通过 VTS 监管、护航、控制 LNG 船舶航速等手段以充分保证 LNG 船舶夜间航行安全，当其他船舶与 LNG 船舶存在交通冲突时，其他船舶应当主动避让 LNG 船舶。

（2）限制条件原则

现阶段，LNG 船舶夜间进出港航行的天气、海况条件需要符合规范及港口主管部门要求，严格遵守 LNG 船舶航行作业规定。

8.2.2.2 交通组织方案

1. LNG 船舶夜间进港交通组织方案

建议 LNG 船舶当通过船舶代理，提前 72h（航程不足 72h 的，在驶离上一港口时）向港口所在地海事局提供预计抵港时间、未来 72h 海况预报和天气预报，提前 24h 确认抵港时间，提前 2h 报告抵达船舶交通管理中心 VTS 报告线的时间。LNG 船舶在航行期间如果发生了影响船舶进出港航行、停泊或作业安全的异常情况，应当在进港前向港口所在地海事局递交书面报告。此外，建议 LNG 接收站提前 24h 根据海况、天气预报进行夜航风险预评估，将预评估结果也向海事局报告，获得海事局批准后，方可进行夜航。

LNG 船舶在抵达 VTS 报告线时，应通过 VHF 向 VTS 报告。

护航服务从 LNG 船舶驶过 VTS 规定的报告线开始。护航艇、拖轮、消拖两用轮和照明船艇在该水域编好队列，准备驶往公共航道。

如果需要锚泊，则根据 VTS 的指示到指定的 LNG 船舶专用锚地锚泊，锚泊完毕后应向 VTS 报告。对于锚泊后进港的船舶，应根据 VTS 的指示确定起锚时间，起锚完毕后应向 VTS 报告，然后根据 VTS 指示驶往引航员登船点。

如果不需锚泊而直接夜间进港，则在向 VTS 报告后根据 VTS 指示驶往引航员登船点。引航员在 VTS 报告线附近登船，开始引航服务。引航员在夜间登船后，LNG 船舶应通过 VHF 向 VTS 报告。

LNG 船舶及其护航队列（以下简称 LNG 船队）在港口所在地海事主管机关的协调和调度下，从 LNG 船舶公共航道驶往 LNG 专用航道（如果有），航行至码头前沿水域，准备夜间靠泊作业。LNG 船舶停靠码头时应符合船首朝向最有利于紧急情况下快速驶离码头的条件，因此建议按船首朝向出口方向停靠。LNG 船舶靠泊完毕后，应向 VTS 报告，进港航行全过程结束。

在 LNG 船舶夜间进港过程中，海事主管机关可以根据实际情况实施相关水域交通管制，对单向通航航道水域实施单向通航管制，对双向通航航道实施双向通航管制。

2. LNG 船舶夜间出港交通组织方案

LNG 船舶夜间离泊出港前 30min 向 VTS 报告船舶动态，经 VTS 允许后准备离泊。

夜间离泊完毕后,出港护航开始,护航艇、拖轮、消拖两用轮、照明船艇在 LNG 码头专用航道水域(如果有)编好队列,准备驶往公共航道。

LNG 船队进入主航道,继续驶至 VTS 报告线向 VTS 报告船舶动态后继续航行,护航任务结束。

在 LNG 船舶夜间出港过程中,海事主管机关可以根据实际情况实施相关水域交通管制,对单向通航航道水域实施单向通航管制,对双向通航航道实施双向通航管制。

参 考 文 献

[1] 周守为,朱军龙,单彤文,等.中国天然气及 LNG 产业的发展现状及展望[J].中国海上油气,2022,
34(1):1-8.

[2] 李洪兵,张吉军.中国能源消费结构及天然气需求预测[J].生态经济,2021,37(8):71-78.

[3] 国家能源局石油天然气司,国务院发展研究中心资源与环境政策研究所,自然资源部油气资源战
略研究中心.中国天然气发展报告(2021)[M].北京:石油工业出版社,2021.

[4] 徐博,金浩,向悦,等.中国"十四五"天然气消费趋势分析[J].世界石油工业,2021,28(1):10-19.

[5] 李天杨,田成坤,曹斌,等.2050 年能源形势综合研判与油气企业策略分析——基于国内外权威机
构能源展望报告的综合分析[J].国际石油经济,2019,27(11):1-9.

[6] 陈骥,吴登定,雷涯邻,等.全球天然气资源现状与利用趋势[J].矿产保护与利用,2019,39(5):
118-125.

[7] 李佳蔓.基于复杂网络的一带一路沿线国家天然气贸易格局演变研究[D].北京:中国石油大
学,2019.

[8] 甄仟.典型国家天然气消费结构分解与中国消费预测[D].北京:中国地质大学,2019.

[9] 王蕾,裴庆冰.全球能源需求特点与形势[J].中国能源,2018,40(9):13-18.

[10] 方圆,张万益,曹佳文,等.我国能源资源现状与发展趋势[J].矿产保护与利用,2018(4):34-42.

[11] 李蔚齐,李持佳,邱硕,等.我国天然气消费结构及发展趋势[J].煤气与热力,2016,36(11):9-13.

[12] 胡小夫,易梓仪,肖克勤.我国天然气市场消费量预测与发展趋势研究[J].天然气技术与经济,
2016,10(02):57-60.

[13] 张万磊.大型 LNG 船舶进出曹妃甸港区通航安全保障评价研究[D].武汉:武汉理工大学,2009.

[14] 李鑫.深圳西部水域 LNG 船舶进出港通航安全风险评价研究[D].武汉:武汉理工大学,2011.

[15] 薛明胜.LNG 船舶进出青岛董家口港区安全风险研究[D].大连:大连海事大学,2014.

[16] 周品江,江福才,马全党.基于熵权云模型的 LNG 码头安全评价[J].安全与环境学报,2016,16(2):
61-64.

[17] 王超敏.LNG 船舶进出港航道适应性研究[D].武汉:武汉理工大学,2011.

[18] 黄睿.LNG、L-CNG 加气合建站重大危险源辨识与评价[D].成都:西南石油大学,2012.

[19] 李霞,黄坤.基于改进层次分析法的 LNG 气化站模糊综合评价[J].安全、健康和环境,2013,13
(12):45-48.

[20] 赵志垒.对 LNG 船舶船岸衔接及港内航行过程的安全评估[D].大连:大连海事大学,2010.

[21] 刘春颖.深圳西部港区 LNG 船舶通航安全的综合评价研究[D].大连:大连海事大学,2010.

[22] 白响恩,肖英杰,郑剑,等.基于解释结构模型的 LNG 船舶进出港风险因素分析[J].上海海事大
学学报,2013,34(4):8-12.

[23] 张欢.LNG 船舶进出港过程中安全区探究[D].大连:大连海事大学,2015.

[24] 张仕元,刘德新,朱景林,等.基于云模型的 LNG 船舶通航环境风险评价[J].江苏科技大学学报:
自然科学版,2018(3):325-331.

[25] NWAOHA T C, YANG Z, WANG J, et al. Adoption of new advanced computational techniques
to hazards ranking in LNG carrier operations[J]. Ocean Engineering, 2013, 72(11): 31-44.

[26]   ANEZIRIS O N , PAPAZOGLOU I A , KONSTANTINIDOU M, et al. Integrated risk assessment for LNG terminals[J]. Journal of Loss Prevention in the Process Industries, 2014,28: 23-35.

[27]   IKEALUMBA W C, WU H W. Effect of atmospheric and sea stability on liquefied natural gas (LNG) dispersion[J]. Implications to Australian LNG Marine Transport, Fuel, 2017, 197: 8-19.

[28]   SUN B, GUO K H, PAREEK V K. Hazardous consequence dynamic simulation of LNG spill on water for ship-to-ship bunkering[J]. Process Safety and Environmental Protection, 2017, 107: 402-413.

[29]   GUO W Z, TONG X L, LIU J X. Study on the economic channel design for LNG ships using pedersen grounding model[C]. Banff:4th International Conference on Transportation Information and Safety (ICTIS), 2017:129-133.

[30]   KOO J ,KIM H S, SO W, et al. Safety assessment of LNG terminal focused on the consequence analysis of LNG spills[J]. In Advances in Gas Processing, 2009, 1: 325-331.

[31]   BEMATIK A, SENOVSKY P, PITT M. LNG as a potential alternative fuel - safety and security of torage facilities[J]. Journal of Loss Prevention in the Process Industries, 2011,24(1): 19-24.

[32]   VDMAR P, PETEIIN S, PERKOVIC M, et al. The influence of large accidents on risk assessment for LNG terminals [R]. Genova, ITALY: 14th International Congress of the Intemational-Maritime-Association-of-the-Mediterranean (IMAM), 2012.

[33]   RATHNAYAKA S, KHAN F , AMYOTTE P . Accident modeling approach for safety assessment in an LNG processing facility[J]. Journal of Loss Prevention in the Process Industries, 2012, 25(2): 414-423.

[34]   MOKHATAB S, MAK J Y, VALAPPIL J V , et al. Chapter 9 - LNG safety and security aspects [M]. America: Handbook of Liquefied Natural Gas, Gulf Professional Publishing, 2014.

[35]   杨洪波,霁思月,杨慧慧,等. 江汉运河通航安全模糊综合评价[J]. 水运管理,2020, 42(21): 23-27.

[36]   李志荣,朱金善,朱景林,等. 基于物元法的船舶定线制实施后水域通航安全评价[J]. 安全与环境工程,2019, 26(5): 181-186.

[37]   赵素平. LNG 船舶锚泊安全研究[D]. 武汉:武汉理工大学,2013.

[38]   张青松. 港口水域 LNG 罐箱运输定量风险评价[J]. 天然气工业,2009,29(1):114-116.

[39]   谭四红,刘庆辉. LNG 槽船装卸临时性重大危险源事故风险评价[J]. 煤气与热力,2010, 30(8): 10-13.

[40]   张冀东. 道化学公司火灾爆炸危险指数法在 LNG 加气站储罐安全评价中的应用[J]. 内蒙古石油化工,2012, 38 (15): 40-41.

[41]   黄郑华,李建华,李天池,等. 液化天然气船火灾爆炸危险性分析与评价[J]. 化工安全与环境, 2010, 24: 8-11.

[42]   付姗姗. LNG 罐式集装箱内河运输泄漏扩散模拟研究[D],武汉:武汉理工大学,2013.

[43]   YOUNG-DO J A, AHN B J. A simple model for the release rate of hazardous gas from a hole on high-pressure pipelines[J] Journal of Hazardous Materials, 2003, 5: 13-14.

[44]   田见. 石油天然气钻井工程风险识别与评价方法[J]. 钻采工艺,2010,33(2): 31-33.

[45] 中华人民共和国交通运输部.水上交通事故统计办法[N].中国交通报,2015-01-08(008).

[46] VANEMA E , ANTAOB P , OSTVIK I,et al. Analysing the risk of LNG carrier operations[J]. Reliability Engineering and System Safety, 2008, 93(9): 1328-1344.

[47] EXIDA C. Safety equipment reliability handbook[J]. Safety Equipment Reliability Handbook, 2005,1:75-114.

[48] 张丽莹.加强设备故障管理,逐步降低设备故障率[C].全国现代设备管理及应用技术研讨会,2004.

[49] TRBOJEVIE V M,CARR B J. Risk based methodology for safety improve-ments in ports[J]. Journal of Hazardous Materials,2000, 71(1/3):467-480.

[50] MADSEN A L,LANG M,KJRULFF U B, et al. The hugin tool for learning Bayesian networks. [C]//Berlin:Proceedings Symbolic & Quantitative Approaches to Reasoning with Uncertainty 7th European Conference,2003.

[51] DARWICHE A. Modeling and reasoning with Bayesian networks[M]. Cambridge:Cambridge University Press,2009.

[52] UUSITALO L. Advantages and challenges of Bayesian networks in environmental modelling[J]. Ecol Model, 2007, 203(3-4):312-318.

[53] HÄNNINEN M,KUJALA P. Influences of variables on ship collision probability in a Bayesian belief network model[J]. Reliability Engineering and System Safety, 2012, 102:27-40.

[54] MYLLYMÄKI P,SILANDER T, TIRRI H, et al. B-course:a web-based tool for Bayesian and causal data analysis [J]. International Journal on Artificial Intelligence Tools, 2002, 11 (03). 369-387.

[55] LANGSETH H,PORTINALE L. Bayesian networks in reliability[J]Reliability Engineering & System Safety,2007,92(1): 92-108.

[56] HARA K , NAKAMURA S. A comprehensive assessment system for the maritime traffic environment[J]. Safety Science,1995(19):203-215.

[57] 周涂强,吴超仲,张笛,等.基于改进综合安全指数的水上交通安全评价[J].中国航海,2015, 38(02):69-73.

[58] 黄跃华.天津港通航安全灰色定权聚类评估分析[D].大连:大连海事大学,2014.

[59] 潘妮,周术华.基于熵权的改进的 TOPSIS 模型及其应用[J].云南水力发电,2007,23(5):8-12.

[60] 王方金.航道通航风险评估模型的研究[D].大连:大连海事大学,2012.

[61] 段玉龙,胡以怀.LNG 船舶事故分析及风险防控[J].船海工程,2013,42(3):191-194.

[62] 洪汇勇,江玉国,魏伟坚,等.LNG 船舶海上运输的风险分析及其防控[J].航海技术,2008(4): 33-35.

[63] 陈刚.关于港口水域内 LNG 船舶事故与应对措施的研究[D].大连:大连海事大学,2015.

[64] 叶倩,刘成斌.综合安全评估(FSA)方法在海事风险防控中的应用[J].中国水运,2009,1:50-51.

[65] LUKETA-HANLIN A . A review of large-scale LNG spills: experiments and modeling[J]. Journal of Hazardous Materials. 2006,132(2): 119-140.

[66] PITBLADO R M,BAIK J,HUGHES G J, et al. Consequences of liquefied natural gas marine incidents[J]. Process Safety Progress,2005 (24) :108-114.

［67］　HUO R,CHOW W K ,JIN X H,et al. Experimental studies on natural smoke filling in atrium due to a shop fire［J］. Building and Environment,2005，40(9):1185-1193.

［68］　FAY J A . Model of spills and fires from LNG and oil tankers［J］. Journal of Hazardous Materials,2003，96(2-3):171-188.

［69］　段爱媛,赵耀.航行船舶安全状况风险预先防控方法研究［J］.船海工程,2006,35(6):124-126.

［70］　刘文生.模糊物元模型在露天矿边坡稳定性预测中的应用［J］.煤矿开采,2012,17(1):3-4.

［71］　高万龙.大鹏湾 LNG 船舶通航动态风险研究［D］.武汉:武汉理工大学,2012.

［72］　罗志勇.LNG 码头和船舶的风险评估及后果预测研究［D］.大连:大连海事大学,2012.

［73］　文元桥,杜磊,王乐,等.LNG 船舶锚泊安全距离定量计算建模［J］.安全与环境学报,2015,15(4):134-139.

［74］　周伟,吴善刚,肖英杰,等.基于 Arena 软件的 LNG 船舶通航组织仿真［J］.上海海事大学学报,2014,35(2):6-10.

［75］　KOOPMAN R P,ERMAK D L. Lessons learned from LNG safety research［J］. Journal of Hazardous Materials,2007,140(3):412-428.

［76］　中华人民共和国交通运输部.海港总体设计规范:JTS165—2013［S］.北京:人民交通出版社,2014.

［77］　文元桥,杨雪,肖长诗.LNG 船舶进出港航行移动安全区宽度定量计算分析［J］.中国安全科学学报,2013,23(5):68-75.

［78］　HUANG R D,ZHANG X J. Evaluation of tunnel gas level based on entropy-weight and matter-element model［J］. China Safety Science Journal，2012,22(4):77-82.

附录 A 其他国家、地区 LNG 码头作业情况

为保障 LNG 船舶进出港安全,各个国家、地区均针对 LNG 船舶进出港作业制定了严格的管理规定,如我国大陆地区为了降低 LNG 船舶进出港作业风险规定 LNG 船舶仅能在白天进出港。LNG 船舶白天进出港的规定在一定程度上降低了 LNG 船舶作业风险,但另一方面也制约了码头的作业效率。近年来,为了满足 LNG 贸易量逐年增加的需要,各地都在规划建设新的 LNG 接收站,然而,随着 LNG 接收站数量的增加,航道等通航资源的共用将使夜航作业限制带来的码头作业效率问题更加凸出。有条件开放 LNG 船舶夜航将有效缓解这一难题。为了研究 LNG 船舶夜航的技术可行性,笔者所在的项目组搜集了部分国家、地区的 LNG 码头的作业情况。

一、卡塔尔

卡塔尔是世界上最大的 LNG 出口国。卡塔尔有 8 个港口,分别是:乌姆赛义德港(QAUMS)、阿尔比达港(QARYN)、埃尔沙辛港(QAASN)、哈卢尔岛港(QAHAI)、梅赛伊德港（QAMES）、Ras Laffan 港（QARLF） 、多哈港（QADOH）、哈马德港(QAHMD),其中,Ras Laffan 港位于卡塔尔东北海岸,主要出口北部气田生产的 LNG、LPG、凝析油、硫等石油化工产品,是卡塔尔主要的能源港口。

1. Ras Laffan 港概况(图 1)

卡塔尔天然气公司和拉斯拉凡天然气公司(现已合并更名为 Qatar Engery)在 Ras Laffan 港建成 Qatargas 1~4 期和 Rasgas1~3 期天然气项目,共建成 6 个 LNG 泊位(图 2),6 个泊位的靠泊船型见表 1。

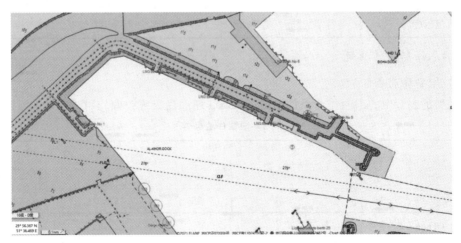

图 1 Ras Laffan LNG 码头概况

图 2　6 艘 LNG 船舶同时靠泊 Ras Laffan LNG 码头

表 1　LNG 泊位靠泊船型　　　　　　　　　　　　单位:m

泊位	最大船长	最小船长	最大吃水
LNG1	315	170	12.5
LNG2	298	170	12.5
LNG3	350	216	12.5
LNG4	350	216	12.5
LNG5	350	216	12.5
LNG6	350	216	12.5

2.LNG 船舶作业规定

(1)限制作业条件

在满足表 2 中的限制作业条件前提下,LNG 船舶白天或夜间均可进出港。

表 2　限制作业条件

| 限制条件 | 能见度 | 风 | | 流 | 浪 |
		靠泊	离泊		
值	1n mile	33kn	38kn	3kn	2m

(2)引航

进出 Ras Laffan 港的 LNG 船舶都必须接受强制引航。

（3）辅助拖轮

船长≥250m 的 LNG 船舶靠泊、离泊分别配备 4 艘、3 艘拖轮。

船长＜250m 的 LNG 船舶靠离泊至少配备 3 艘拖轮。

大于等于 175000DWT 的船舶靠离泊最少配备 4 艘拖轮。

小于 175000DWT 大于 60000DWT 的船舶靠离泊至少配备 3 艘拖船。

小于 60000DWT 的船舶至少配备 2 艘拖轮。

配有船首推进器和/或高效操纵设备可以免除强制使用拖轮,但须有 1 艘拖轮随船靠泊和离泊。

二、澳大利亚

澳大利亚是世界第二大 LNG 出口国,沿岸布置有 Australia Pacific、Gladstone、Queensland Curtis、Darwin、Gorgon、Pluto、Prelude、Wheatstone 和 Withnell Bay 等多个 LNG 码头。

1. Gladstone 港

（1）港口概况

Gladstone 港是澳大利亚最好的天然深水港口之一,也是昆士兰州最大的多商品港口,主要货物包括煤炭、铝土矿、氧化铝、铝、水泥和 LNG。Gladstone 港布置有 APLNG (Australia Pacific LNG)、QCLNG(Queensland Curtis LNG)和 GLNG(Gladstone LNG) 3 个 LNG 码头。Gladstone 港 LNG 码头靠泊船型见表 3,Gladstone 港 LNG 码头分布见图 3。

图 3   Gladstone 港 LNG 码头分布

表 3　LNG 码头靠泊船型　　　　　　　　　　　　　　　　　单位:m

码头	靠泊船型(船长×船宽)
APLNG	315× 55
QCLNG	315× 55
GLNG	315× 55

(2)作业规定

根据《Port Procedures and Information for Shipping—Gladstone》规定:

①LNG 船舶可在白天/夜间进出港作业。

②对于进港靠泊 QCLNG 和 GLNG 码头的 LNG 船舶不受潮汐限制,但是进入 APLNG 码头的船舶考虑到回旋水域的尺度限制以及靠泊作业对水流的要求需要在落潮时进港,进港时间为 HW(高潮)+2h～HW+2.25h。

③在上一艘船舶驶离 45min 后下一艘 LNG 船舶才能进入 APLNG。进入 GLNG 和 QCLNG 的 LNG 船舶需在上一艘 LNG 船舶驶离 30min 后进入。

④允许 1 艘 LNG 船舶或深吃水船舶驶过另 1 艘 LNG 船舶。

⑤载运危险货物的船舶驶过 LNG 船舶或 LNG 船舶驶过邮轮需要经过港口部门"一事一议"程序审核。

⑥LNG 船舶不能在可能导致作业风险的天气条件下(风速＞25kn,浪高＞3.0m)作业。

⑦LNG 船舶在进出港过程中将由 2 名引航员提供引航服务。

⑧LNG 船舶进出港过程中将由 2 艘拖轮护航,进港时,LNG 船舶航行至 A1～A5 航标时,护航拖轮带缆。同时,另外 2 艘等待在此的港作拖轮带缆用于辅助 LNG 船舶进行靠泊作业。离港时,2 艘护航拖轮加 2 艘港作拖轮带缆,航行至 A5～A1 航标时解缆,港作拖轮返回。

⑨当 LNG 船舶在泊位作业时,1 艘消拖两用型拖轮将在附近警戒。

2. Prelude FLNG 码头

(1)码头概况

Prelude 是一个 FLNG 码头,位于澳大利亚西北海岸 155n mile。码头可供 125000～175000m³ 的 LNG 船舶靠泊作业。

(2)作业规定

在满足一定的限制作业条件(表 4)下,LNG 船舶靠泊作业仅限于白天,离泊作业可以在白天或晚上进行。

表 4　限制作业条件

活动	条件	行动
靠泊	平均风速＞25kn	停止靠泊
	浪高＞2.5m	
	流速＞2kn	
	能见度＜1n mile	
货物作业	平均风速＞25kn	LNG 船舶与码头进行沟通
	浪高＞2m	
	预报风速≥25kn	考虑停止货物作业,并在风速达到 25kn 前断开装卸臂
	平均风速≥27kn	停止货物作业,断开装卸臂,并考虑离泊
	浪高＞2.5m	
	平均风速≥30kn	LNG 船舶准备就绪后驶离码头
	浪高＞3.0m	

　　LNG 船舶进出港将由至少 2 艘拖拽力为 100t 的辅助船舶协助。LNG 船舶靠泊码头进行货物作业时,2 艘辅助船舶将停泊在距离 LNG 船舶 200m 的区域。LNG 船舶进行货物作业时,码头前沿 1500m 范围为警戒区,任何未经授权的船舶不得进入。

　　3.Dampier 港

　　(1)港口概况

　　Dampier 港位于澳大利亚西北海岸丹皮尔群岛(图 4)。勒让德岛屿(20°21′S,116°51′E)构成群岛的东北端,罗斯玛丽岛(20°28′S,116°37′E)构成了群岛的西北端。港口布置有 2 个 LNG 码头,均属于 Woodside 公司,分别是 Pluto LNG 码头和 Withnell Bay 码头(包含 2 个 LNG 泊位和 1 个 LPG 泊位)。

图 4　LNG 码头位置

Withnell Bay LNG1 泊位可供船长在 190～300m、30000～150000DWT 的 LNG 船舶靠泊作业。LNG2 泊位可供船长在 270～310m、76000～115000DWT 的 LNG 船舶靠泊作业。

（2）作业规定

LNG 船舶在白天/夜间均可进行进出港作业，进出港采取强制引航措施，见表 5。

表 5　LNG 船舶进出港作业条件及拖轮配置

船型	侧面受风面积	球型≤9000m²		球型＞9000m²		薄膜型	
进港	风速/kn	＜23	23≤25	＜15	15≤20	＜20	20≤25
	拖轮/艘	4＊	4/5	4＊	4/5	4＊	4/5
离港	风速/kn	≤28		1♯泊位≤25 2♯泊位≤20		＜20	20≤28
	拖轮/艘	3ˆ		3ˆ4		3ˆ	4

注：＊表示最大风速不超过 20kn 时，可采用 3 艘拖轮辅助进港，但限于白天。

　　ˆ表示如果拖轮拖拽力小于 75t，需要布置 4 艘拖轮。

　　4/5 表示是否需要第 5 艘拖轮由引航员决定。

LNG 船舶在码头进行货物作业时，码头前 180m 水域范围内禁止其他船舶进入，同时安排 1 艘拖轮进行警戒。

4. Wheatstone Marine Terminal

（1）码头概况

码头位于澳大利亚西部阿什伯顿港以北（图 5）。可以接收 125000～215000 m³ 的 LNG 船舶作业。

图 5　码头位置

（2）作业规定

①码头无夜间进出港限制，但进出港作业应遵循一定的限制作业条件（表6）。

表6　限制作业条件

项目	限制条件
进出港航行风速	LNG 船舶侧风受风面积＜9000m²，风速≤25kn；受风面积≥9000m²，风速≤20kn
货物作业风速	风速＞30kn，停止装载； 风速＞35kn，断开装载臂并移除舷梯

②LNG 船舶进出港需接受强制引航。引航员除了承担引航的职责还作为码头方代表负责货物操作的安全事宜。

③船舶进出港过程中将有 4 艘拖轮进行护航和辅助靠离泊作业。

④LNG 船舶在码头进行货物作业时，码头前沿 250m 范围内的水域禁止其他船舶进入，且会安排 1 艘具备消防功能的拖船承担警戒职责。

5. Gorgon Marine Terminal

（1）码头概况

Gorgon Marine Terminal 位于 Barrow Island 港（图6），码头布置有东、西 2 个 LNG 泊位，距离巴罗岛海岸约 4km。东侧泊位可供 125000～215000m³ 的 LNG 船舶和 80000～120000DWT 的凝析油船靠泊。西侧泊位仅可接收 LNG 船舶靠泊。

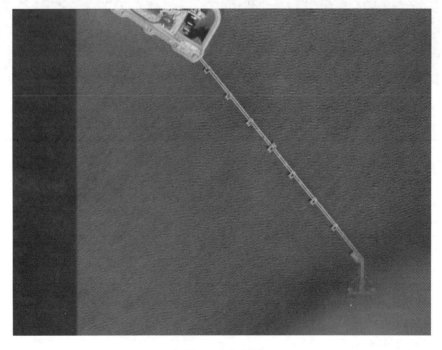

图6　码头位置

（2）作业规定

①禁止 2 艘 LNG 船舶同时靠泊作业,但允许 LNG 船舶与油船同时作业。

②LNG 船舶进出港作业主要受自然条件影响,在风速不超过 25kn,流速不超过 1.2kn的条件下,白天或夜间 LNG 船舶均可进出港作业。

③LNG 船舶进出港采取强制引航,进出港航行过程中至少有 3 艘拖轮辅助。

④LNG 船舶在泊位作业时将划定 200m 的警戒区并安排 1 艘拖轮进行警戒。

三、美国

美国是世界第三大 LNG 出口国。目前共有 Freeport,Cove Point,Elba 和 kenai4 个液化天然气项目、9 条生产线投入营运。Freeport FLNG 码头（图 7）位于美国得克萨斯州。码头有 2 个 LNG 泊位,泊位参数见表 7。

图 7　Freeport FLNG 码头

表 7　Freeport FLNG 泊位参数　　　　　　　　单位:m

泊位	靠泊船型			泊位前最大水深
	容量	最大船长	最大船宽	
LNG1 (Q-Flex)	88000～267000m³	345	54.8	14.17
LNG2 (Parsifal)	88000m³～217000m³	300	54.8	14.17

（1）自然环境

常风向:135°～180°;

最大风速风向:135°～180°;

平均风速:5～10kn;

进港航道流向:138°/318°(落潮/涨潮);

进港航道内流速:0~0.5kn。

(2)作业规定

①限制作业条件

根据码头区域的自然条件,LNG 船舶进出港作业可能受到不良风况的影响,LNG 船舶进出港应满足表 8 中的条件。

表 8　限制作业条件

风速	作业
<20kn	码头正常开放
20kn≤v<35kn	继续完成正在进行的作业
35kn	停止货物操作,断开装卸臂
>35kn	船舶停靠在码头,船长决定是否增加额外系缆

根据港口和 Brazos Pilots Association 制定的相关规定,LNG 船舶只能在白天进出港。

②引航服务

Brazos Pilots Association 为进出港 LNG 船舶指派 2 名引航员提供引航服务。

③辅助拖轮

为了保障 LNG 船舶进出港作业安全,港口要求 LNG 船舶在足够数量的拖轮辅助护航下进出港作业:

200000m³ 以下的 LNG 船舶至少配备 3 艘总拖拽力 180t(单艘不小于 50t)的拖轮,其中 2 艘消拖两用型,LNG 船舶靠泊后,保留 1 艘消拖两用型拖轮在码头附近警戒。

200000m³ 及以上的 LNG 船舶至少配备 4 艘总拖拽力 225t(单艘不小于 50t)的拖轮,其中两艘消拖两用型,LNG 船舶靠泊后,保留 1 艘消拖两用型拖轮在码头附近警戒。

④移动安全区设置

LNG 船舶在航行过程中,LNG 船舶前后 1000 码(941.4m)、左右 500 码(457.2m)为移动安全区,其他船舶不得进入。

四、法国

1. Dunkerque LNG

(1)码头概况

Dunkerque LNG(图 8)位于 51°2.32′N,2°11.2′E。主要为 LNG 船舶提供卸货和再装服务,码头可供 5000~267000m³ LNG 船舶靠泊作业。

(2)作业规定

①LNG 船舶可在白天/夜间进出港,靠泊时,NW 至 NE 向风速达到 13m/s 或 25kn 以及其他风向风速达到 15m/s 或 30kn 时应推迟靠泊。离泊时,风速达到 15m/s 或 30kn

图 8　码头位置

时应推迟靠泊。

　　②载运危险货物的船只必须引航。65000 m³ 及以上 LNG 船舶通常有两名引航员提供引航服务。

　　③当 LNG 运输船在 VTS 管制区域内航行时,严禁其他船舶在 LNG 船舶船尾或船首不足 1n mile 处航行。

　　④靠泊作业至少需要使用 4 艘的拖船辅助作业,总拖拽力不小于 220t(按最低 2 × 70t 和 2 × 40t 配置)。

　　⑤离泊时由船长和引航员合议,使用 3～4 艘拖船进行辅助离泊,其中至少有 1 艘拖船,其拖拽力达到 70t。

　　⑥LNG 船舶在码头作业时,将安排一艘拖拽力在 70t 的消拖两用型拖轮进行警戒。

　　2. Montoir LNG

　　(1)码头概况

　　码头位于法国西海岸卢瓦尔河河口南特圣纳泽尔港(图 9)内。码头布置有 2 个 LNG 泊位。最大可供 Q-Max 型船舶靠泊作业,若需靠泊更大船型,需要经过专门的船岸匹配性研究。

图 9　码头位置

　　码头受潮汐和航道内水流的影响,平均最大流速为 2～4kn。在大潮期间,随着河水的涨潮,落潮流可能达到 6kn。落潮流速在落潮前 1.5～2h 至低潮时最大。水流的主要作用是产生 250t 的侧向推力,将船舶推离泊位。

　　(2)作业规定

　　①LNG 船舶在白天和夜间均可以进出港。

　　②引航员通常会在涨潮前 2.5～3h 左右登船,时间可能会根据港口交通和天气、潮汐情况而有所不同。如果 2 艘船被安排在同一潮汐条件,靠泊顺序由港口和引航员及码头协商。通常适用的先到先泊位规则不适用。

　　③LNG 船舶进出港航行过程中风速不得超过 25kn,Q-Max 型船的限制风速为 20kn。

　　④LNG 船舶移动安全区为船首、尾 2n mile。LNG 船舶靠泊码头时安全区为 LNG 船舶周围 50m 范围。

　　⑤LNG 船舶引航服务通常由两名引航员提供。

　　⑥拖轮配置根据 LNG 船舶船型及靠泊方案确定见表 9。

表 9　拖轮配置

船型	靠泊舷侧	拖轮配置	
		进港	离港
船长 300m 以内	右舷	4	2
	左舷	4	4
Q-Flex	右舷	5	2/3(当南风>20kn)
	左舷	4	4
Q-Max	左舷	4	4
Yamal	右舷	3	2
	左舷	3	3

⑦货物作业期间,由 1 艘拖船待命,以备紧急情况使用。

五、英国

英国的 LNG 码头主要有 Dragon LNG (Milford Haven)、Grain LNG 和 South Hook LNG 3 个。其中,Dragon LNG 和 South Hook LNG 均位于 Milford Haven 港。

1.码头概况

South Hook LNG 码头布置有 3 个泊位,Dragon LNG 仅 1 个泊位,码头参数见表 10。

表 10 码头参数

码头	South Hook LNG			Dragon LNG
	1#	2#	3#	
泊位长度/m	107	107	73	192
靠泊船型/DWT	190000	190000	36000	150000

2.作业规定

(1)South Hook 和 Dragon 码头船舶进出港应遵循一定的限制作业条件,见表 11。

表 11 LNG 船舶作业条件

码头	白天/夜间	风速	能见度
South Hook	允许进出港	持续风速不超过 25kn,阵风不超过 30kn 可以进出港航行; 风速超过 35kn 停止货物作业; 风速超过 40kn 操纵舷梯(开或开),断开货物装卸臂风速超过 45kn 码头将考虑采取进一步行动	能见度小于 1n mile 禁止进出港
Dragon	允许进出港	持续风速不超过 25kn,阵风不超过 30kn(南风风速响应降低 5kn)可以进出港; 风速超过 32kn 停止货物作业; 超过 40kn 断开装卸臂	能见度小于 1n mile 禁止进出港

(2)船长大于 50m 或与拖缆长度总和超过 50m 的船舶均需接受强制引航。持有领港豁免证书的船长应在向港口报送抵港信息时提交证书号码,可以豁免引航,否则将被要求带 1 名引航员在港内航行。LNG 船舶进出港过程中将有 2 名引航员提供引航。

(3)LNG 船舶进出港航行过程中,船舶前后 1n mile 为安全控制区域,船长超过 20m 的商船应避开该区域,除非该船舶事先经过港口部门同意,船位位于 LNG 船首且与 LNG 船舶同向航行。

LNG 船舶的驾驶台向前延伸视线范围内（由位于 LNG 船舶前方的护航拖轮确定），向后延伸至后方护航拖轮尾部（如无拖轮则由 LNG 船舶尾部向后延伸 100m）的水域任何时候都不允许任何船舶在该区域内航行。

（4）LNG 船舶进出港作业布置 4 艘拖轮辅助作业。货物作业时，安排 1 艘拖轮警戒（Dragon LNG）。

六、荷兰 Gate LNG

1.码头概况

码头位于荷兰鹿特丹港，包含 3 个 LNG 泊位（图 10）。其中 1♯ 和 2♯ 泊位可靠泊船长不超过 345m 的 LNG 船舶，3♯ 泊位可靠泊最大船长 180m 的 LNG 船舶。

图 10　码头平面布置

2.作业规定

（1）LNG 船舶无夜航限制，但进出港过程应遵守相应的限制作业条件（表 12）。

表 12　LNG 船舶进出港作业条件

风	进港	13.8m/s NW-W/S-SW
	离港	13.8NW-W
浪	进港	2.7m NW-W/S-SW
	离港	
能见度	进港	1♯ 和 2♯ 泊位：2000m 3♯ 泊位无限制
	离港	能见度 1000～2000m 时，船长＜125m 船舶酌情离开 能见度＜1000m 时禁止离泊

（2）LNG 船舶接受强制引航，对于船长大于 180m 的船舶需配备 2 名引航员。

①靠泊 1♯、2♯ 泊位

船长＜120m 的进港 LNG 船舶无潮汐限制，其他 LNG 船舶需根据水流模型计算潮汐窗口。

船长＞250m 的 LNG 船舶进港需要 4 艘 60t 拖拽力的拖船辅助。

船长在 180～250m 的 LNG 船舶由引航员确定拖轮数量（至少 2 艘具备 60t 拖拽力的拖轮）。

船长＜180m 的 LNG 船舶由引航员确定拖船数量（至少 1 艘具有 45t 拖拽力的拖轮）。

如 LNG 船舶具备其他操纵设备，拖轮数量可酌情调整。

②离泊 1♯、2♯ 泊位

船长＞250m 的 LNG 船舶离港由引航员确定拖轮数量（至少 2 艘具备 60t 拖拽力的拖轮）。

船长在 180～250m 的 LNG 船舶由引航员确定拖轮数量（至少 1 艘具备 60t 拖拽力的拖轮）。

船长＜180m 的 LNG 船舶由引航员确定拖船数量（至少 1 艘具有 45t 拖拽力的拖轮）。

如 LNG 船舶具备其他操纵设备，拖轮数量可酌情调整。

③进出 3♯ 泊位

无潮汐限制，进出港由引航员决定辅助拖轮数量。

七、意大利

1. Adriatic LNG

（1）码头概况

Adriatic LNG 码头位于意大利莱万特港东北约 10n mile 处（图 11）。码头可供船长在 215～300m 的 LNG 船舶卸货作业。

图 11　码头概况

（2）限制作业条件

在码头投入营运的最初 6 个月仅允许 LNG 船舶白天靠泊，目前，在满足一定的作业条件下（表 13），LNG 船舶可在夜间进出港。靠泊作业能见度应在 500m 以上。

表 13 限制作业条件

作业	风		浪	
	常规 LNG 船舶	Moss，Q-Flex 和其他大型 LNG 船舶	常规 LNG 船舶	Moss，Q-Flex 和其他大型 LNG 船舶
靠泊	25kn	25kn	1.5m	1.0m
停止货物作业并断开连接	28kn 阵风 34kn	25kn 阵风 30kn	1.4 m(110°~190°) 1.7m(300°~60°,190°~240°) 2.0 m(60°~110°,240°~300°)	1.2 m(110°~190°) 1.0 m(300°~60°,190°~240°) 1.2 m(60°~110°,240°~300°)
离泊	30kn 阵风 36kn	25kn 阵风 30kn	1.7 m(110°~190°) 2.0m(300°~60°,190°~240°) 2.5 m(60°~110°,240°~300°)	1.2 m(110°~190°) 1.0 m(300°~60°,190°~240°) 1.2 m(60°~110°,240°~300°)

注：常规 LNG 船舶指 6.5 万~15.2 万 m³ 的 LNG 船舶。

Moss、Q-Flex 和其他大型 LNG 船舶指 15.2 万~21.7 万 m³ 的 LNG 船舶。

（3）进出港航行

LNG 船舶进出港需接受引航服务。进出港过程中需要采用 3 艘拖拽力为 65t 的拖轮护航。

（4）货物作业

货物作业期间将有 2 艘拖轮进行警戒。

2. Toscana FSRU

（1）码头概况

码头距利沃诺海岸约 12n mile。码头可靠泊最大船型为 310m×50m LNG 船舶。

（2）作业规定

①靠泊作业仅限于白天，离泊作业可在白天或晚上进行。

②LNG 船舶进出港需遵循一定的条件（表 14）。

表 14 限制作业条件

活动	平均风速/(m/s)	平均海况		平均表面流速/(m/s)
		浪高 H_s/m	周期 T_p/s	
靠离泊	7.5	1.5	7.5	0.5
货物作业	15	2.5	8.5	0.5
	15	2	8	0.5

②LNG 船舶进出港需要引航。

③LNG 船舶靠离泊作业过程中需要 4 艘拖拽力 65t 的拖轮辅助。

④LNG 船舶靠泊后,仍需安排 2 艘拖轮进行警戒。

八、葡萄牙 Sines 港

1.港口概况

Sines 港位于葡萄牙西海岸,里斯本以南约 100km(图 12)。港内的 LNG 码头可供船长不超过 315m 的 LNG 船舶靠泊作业。

图 12 码头位置

2.作业规定

①港口 24h 作业,但是夜间限制船长超过 250m 的船舶进港。

②LNG 船舶进出港作业需要遵守一定的作业条件(表 15)。

表 15 LNG 船舶作业条件

活动	风	浪	行动
靠泊	NW-W,风速>30kn	NW-W,H_s>4m	停止靠泊
	S-SW,风速>25kn	S-SW,H_s>2m	
离泊	NW-W,风速>45kn	—	停止离泊
	S-SW,风速>40kn	—	

③进港过程中安排 4 艘辅助拖轮,离港时根据天气条件至少 2 艘拖轮辅助,另外安排 1 艘拖轮或引航艇护航。

九、土耳其 Etki FLNG

1. 码头概况

码头位于土耳其爱琴海。码头(图 13)最大可靠泊 217000mm² 的 LNG 船舶。

图 13　码头概况

2. 作业规定

①码头禁止 LNG 船舶夜间进港作业。

②LNG 船舶作业需在一定的条件下进行(表 16)。

表 16　LNG 船舶作业条件

作业	风速/kn		浪高 H_s/m	引航员
	290°~345° WNW-NW-NNW	345°~290° N-E-S-W		
靠泊最大风速	18	21	<1.5	准备就绪
停止作业	21	30	≈1.5	通知
断开卸料臂	24	35	>1.5	登船
离泊	27	40	>1.5	船上

③LNG 船舶将由 2 名引航员提供服务。

④进出港过程中需由拖轮辅助,Q-Flex 型 LNG 船舶需使用 4 艘拖船,总拖拽力不小

于 212t。其他类型 LNG 船舶使用 4 艘总拖拽力不小于 160t 的拖轮。

⑤LNG 船舶在浮式码头前进行货物作业时,将由 1 名引航员留在船上,同时,1 艘拖拽力 60t 和 1 艘拖拽力 40t 的拖轮将在附近警戒。

十、巴基斯坦 Qasim 港

1.港口概况

Qasim 港位于巴基斯坦南部沿海,港口内布置有一个浮式 LNG 码头(图 14),码头可供最大船长 315m 的 LNG 船舶靠泊作业。

图 14　码头位置

2.作业规定

(1)LNG 船舶进出港作业目前仅限在白天进行,后期经安全评估及仿真模拟研究认为可行后可开放 LNG 船舶夜航。

(2)LNG 船舶进出港航行过程中安排 2 名引航员,在靠泊过程中还将安排第 3 名引航员。

(3)LNG 船舶进出港航行过程中将由 1 艘快艇和 2 艘拖轮进行护航。

(4)LNG 船舶将不会在可能导致作业危险的天气条件(风速超过 25kn,浪高超过 2m,能见度小于 2n mile)下进行操作。

(5)LNG 船舶航行过程中,同向航行的船舶应与 LNG 船舶保持 1h 的安全间隔。

十一、文莱 Brunei LNG

1. 码头概况

码头位于文莱车化部沿海(图 15),可接受 75000～145000m³ 的 LNG 船舶靠泊作业。对 145000～155000m³ 的 LNG 船舶需要进行一船一议。

图 15 码头位置

2. 作业规定

(1)一天中的任何时段均可进行进出港作业,但白天风速超过 20kn、浪高超过 2m,夜晚风速超过 15kn、浪高超过 1.5m 时,靠泊作业将暂停。

(2)在货物装载作业期间,如果风速达到 20kn 并继续增加,应通知引航员和码头。风速达 35kn 时,将负载减少到两个泵并通知拖船待命。如果风速达到 40kn,货物作业将暂停,装货臂将断开。

(3)LNG 船舶需接受引航服务,且船舶靠泊码头后,引航员仍然留在船上。

(4)3 艘拖轮(拖拽力 84 t)始终在码头待命,协助 LNG 船舶靠泊和脱泊,并随时可用以应对紧急情况。B 级船舶靠泊和离泊作业通常使用 2 艘拖轮,较大船型 LNG 船舶(135000m³ 以上)使用 3 艘拖轮。

(5)LNG 船舶装货作业期间,将划定 130m 的禁区,禁止其他船舶进入,同时安排一艘系泊(引航艇)艇进行警戒。

十二、希腊 Revithoussa LNG

1.码头概况

码头位于梅加拉湾的 Revithousa 岛,位于希腊比雷埃夫斯以西约 10n mile(图 16)。码头可供船长在 180～330m 的 LNG 船舶靠泊作业。

图 16　码头位置

2.作业规定

①在满足一定的作业条件下(表 17),LNG 船舶可在白天/夜间进出港作业。

表 17　限制作业条件

靠泊		
风	浪	能见度
风速≤25kn	浪高≤1.2m	水平能见度≥1n mile
货物作业		
应采取的行动	天气条件	
停止货物作业	风速达到 30kn 并持续增大	
断开货料臂	风速达到 35kn	
离泊	预报风速超过 40kn	

②LNG 船舶进出港需强制引航,并需拖轮辅助,辅助拖轮的数量主要取决于 LNG 船舶的船型尺度(表 18)。

表 18　拖轮配置

辅助拖轮配置	靠泊	离泊
LNG 船舶总吨≤115000t	4 艘	3 艘
LNG 船舶总吨＞115000t，船长＞300m	4 艘（其中 2 艘拖拽力 60t，2 艘拖拽力 45t）	4 艘（其中 2 艘拖拽力 60t，2 艘拖拽力 45t）

十三、哥伦比亚 Spec FSRU

1. 码头概况（图 17）

图 17　码头概况

2. 作业规定

（1）LNG 船舶进港靠泊作业仅限白天 17：00 前进行。

（2）LNG 船舶进出港作业应在下表所列条件下进行（表 19）。

表 19　限制作业条件

活动	能见度/mile	风速/kn	流速/kn	浪高/m
进/出港	5	＜20	0.4	0.72

（3）LNG 船舶进出港过程中接受强制引航，并安排 4 艘拖轮进行辅助。

十四、克罗地亚 Hrvatska FRSU

1. 码头概况

Hrvatska FRSU 码头（图 18）位于克罗地亚共和国 Omišalj 市的 Krk 岛，可供 3500～265000m³ 的 LNG 船舶靠泊作业。

图 18　码头概况

2. 作业规定

(1) 根据《Port Rregulations of The Special Purpose Port Liquefied Natural Gas Terminal Industrial Port OMIŠALJ-Njivice》(2020.11.26)，在码头营运前 6 个月，LNG 船舶进出港作业仅限白天。

(2) LNG 船舶靠泊作业时风速不得超过 25kn，浪高不超过 2m，能见度需大于 1n mile。

(3) LNG 船舶进出港强制引航，并至少安排 4 艘拖轮进行护航和辅助靠离泊作业。

(4) LNG 船舶靠泊后安排 1 艘消拖两用型拖轮进行警戒。

结　　论

除我国外，大部分国家和地区非浮式 LNG 码头均可以全天进出港。在全天可进出港的 LNG 码头中，Gladstone、Australia Pacific、Queensland Curtis、Dunkerque、Montoir、Dragon、SouthHook 和 Gate 等均采用 2 名引航员以保证 LNG 船舶进出港安全。总体上看，浮式 LNG 码头进出港管理较非浮式 LNG 码头严格。澳大利亚 Prelude FLNG 和意大利 Toscana FLNG 采取白天靠泊，全天离泊的作业方式，美国 Freeport FLNG、土耳其 Etki FLNG 和哥伦比亚 Spec Fsru 均禁止夜间靠离泊。从国外 LNG 码头夜航安全营运经验来看，在做好相应保障措施的前提下，LNG 船舶夜航在技术上具备可行性。

附录 B 风险辨识及权重调查问卷

第一部分 船舶夜航风险辨识专家问卷表

尊敬的引航员、LNG 船员和拖轮船员,您好:

我们根据 LNG 船舶进出港作业的流程将风险辨识划分为引航员登/离船、LNG 船舶进/出港航行、LNG 船舶靠/离泊作业 3 个部分。请您根据经验对各个部分中的风险项发生的可能性(概率)以及在现有设施、设备的条件下风险项的影响大小(后果)进行评价。

1. 概率说明

概率分级	说　　明
非常频繁	在一艘船上可能每周发生一百次
频繁	在一艘船上可能每个月发生一次
很可能	在一艘船上可能每年发生一次
可能	每年每 10 艘船可能发生一次
较小可能	每年每 100 艘船可能发生一次
不太可能	每年每 1000 艘船可能发生一次
非常不可能	每年每 10000 艘船可能发生一次
极其不可能	每 20 年每 5000 艘船可能发生一次

2. 后果说明

影响分级	对人命安全的影响	对环境的影响	经济损失	对船舶的影响
小	轻伤	可忽略的泄露/可忽略的污染,没有严重的环境影响或公共健康影响	100 万元以下	本地设备损坏(可能在船上维修,停机时间可以忽略不计)
一般	3 人以下死亡或者 10 人以下重伤	轻微泄露/对环境或公共健康的影响轻微但可检测到的环境结果	100 万元以上 1000 万元以下	非严重船舶损坏(要求停留港口,停机1 天)

影响分级	对人命安全的影响	对环境的影响	经济损失	对船舶的影响
较大	3 人以上 10 人以下死亡或者 10 人以上 50 人以下重伤	严重污染/对暴露者、生态系统有中期破坏	5000 万元以上 1 亿元以下	一艘中型船舶全损
重大	造成 10 人以上 30 人以下死亡或者 50 人以下 10 人以上重伤	严重污染/对暴露者、生态系统有中期破坏	5000 万元以上 1 亿元以下	一艘中型船舶全损
特别重大	30 人以上死亡或 100 人以上重伤	不受控制的污染/对暴露者、生态系统有长期破坏	1 亿元以上	一艘大型船舶全损

一、引航员登/离船

Q1:由于夜间旁靠 LNG 船舶操作不当,导致两船发生触碰导致船体受损,甚至人员受伤的可能性

○非常频繁 ○频繁 ○很可能 ○可能 ○较小可能

○不太可能 ○非常不可能 ○极其不可能

您认为发生上述事件可能造成后果的严重程度是:

○小 ○一般 ○较大 ○重大 ○特别重大

Q2:由于夜间旁靠 LNG 船舶判断失误,导致两船发生触碰导致船体受损,甚至人员受伤的可能性

○非常频繁 ○频繁 ○很可能 ○可能 ○较小可能

○不太可能 ○非常不可能 ○极其不可能

您认为发生上述事件可能造成后果的严重程度是:

○小 ○一般 ○较大 ○重大 ○特别重大

Q3:夜间引航员登艇时由于照明不足,导致引航员受伤的可能性

○非常频繁 ○频繁 ○很可能 ○可能 ○较小可能

○不太可能 ○非常不可能 ○极其不可能

您认为发生上述事件可能造成后果的严重程度是:

○小 ○一般 ○较大 ○重大 ○特别重大

Q4:夜间引航员登艇时由于照明不足,导致引航员落水的可能性

○非常频繁 ○频繁 ○很可能 ○可能 ○较小可能

○不太可能 ○非常不可能 ○极其不可能

您认为发生上述事件可能造成后果的严重程度是：

○小　○一般　○较大　○重大　○特别重大

Q5：由于引航梯缺陷在夜间未及时发现，导致引航梯断裂或损坏进而造成引航员受伤的可能性

○非常频繁　○频繁　○很可能　○可能　○较小可能

○不太可能　○非常不可能　○极其不可能

您认为发生上述事件可能造成后果的严重程度是：

○小　○一般　○较大　○重大　○特别重大

Q6：由于夜间生理节律下降，增加引航员操作失误而导致引航员受伤的可能性

○非常频繁　○频繁　○很可能　○可能　○较小可能

○不太可能　○非常不可能　○极其不可能

您认为发生上述事件可能造成后果的严重程度是：

○小　○一般　○较大　○重大　○特别重大

Q7：由于夜间生理节律下降，增加引航员操作失误而导致引航员落水的可能性

○非常频繁　○频繁　○很可能　○可能　○较小可能

○不太可能　○非常不可能　○极其不可能

您认为发生上述事件可能造成后果的严重程度是：

○小　○一般　○较大　○重大　○特别重大

Q8：由于引航员夜间心理压力增大，导致操作失误并造成引航员受伤的可能性

○非常频繁　○频繁　○很可能　○可能　○较小可能

○不太可能　○非常不可能　○极其不可能

您认为发生上述事件可能造成后果的严重程度是：

○小　○一般　○较大　○重大　○特别重大

Q9：由于引航员夜间心理压力增大，导致操作失误并造成引航员落水的可能性

○非常频繁　○频繁　○很可能　○可能　○较小可能

○不太可能　○非常不可能　○极其不可能

您认为发生上述事件可能造成后果的严重程度是：

○小　○一般　○较大　○重大　○特别重大

二、LNG 船舶进/出港航行

LNG 船舶在拖轮护航及引航员引航的条件下进/出港航行

Q1：由于夜间小型船舶（包括无 AIS 小型船舶、渔船、游艇等）增加，导致 LNG 船舶与小型船舶发生碰撞的可能性

○非常频繁　○频繁　○很可能　○可能　○较小可能

○不太可能　○非常不可能　○极其不可能

您认为发生上述事件可能造成后果的严重程度是：

○小 ○一般 ○较大 ○重大 ○特别重大

Q2：由于夜间光线不足，参照物减少，背景灯光影响，导致驾引人员视觉瞭望"失真"，做出错误驾引决策，LNG 船舶与他船形成紧迫局面的可能性

○非常频繁 ○频繁 ○很可能 ○可能 ○较小可能

○不太可能 ○非常不可能 ○极其不可能

您认为发生上述事件可能造成后果的严重程度是：

○小 ○一般 ○较大 ○重大 ○特别重大

Q3：由于夜间光线不足，参照物减少，背景灯光影响，导致驾引人员视觉瞭望"失真"，做出错误驾引决策，航路判断和选择失误的可能性

○非常频繁 ○频繁 ○很可能 ○可能 ○较小可能

○不太可能 ○非常不可能 ○极其不可能

您认为发生上述事件可能造成后果的严重程度是：

○小 ○一般 ○较大 ○重大 ○特别重大

Q4：由于夜间光线不足，参照物减少，背景灯光影响，导致驾引人员视觉瞭望"失真"，做出错误驾引决策，造成搁浅、碰撞等事故的可能性

○非常频繁 ○频繁 ○很可能 ○可能 ○较小可能

○不太可能 ○非常不可能 ○极其不可能

您认为发生上述事件可能造成后果的严重程度是：

○小 ○一般 ○较大 ○重大 ○特别重大

Q5：由于夜间驾引人员生理节律下降增加操作失误，导致 LNG 船舶与他船形成紧迫局面的可能性

○非常频繁 ○频繁 ○很可能 ○可能 ○较小可能

○不太可能 ○非常不可能 ○极其不可能

您认为发生上述事件可能造成后果的严重程度是：

○小 ○一般 ○较大 ○重大 ○特别重大

Q6：由于夜间驾引人员生理节律下降增加操作失误，导致航路判断和选择失误的可能性

○非常频繁 ○频繁 ○很可能 ○可能 ○较小可能

○不太可能 ○非常不可能 ○极其不可能

您认为发生上述事件可能造成后果的严重程度是：

○小 ○一般 ○较大 ○重大 ○特别重大

Q7：由于夜间驾引人员生理节律下降增加操作失误，导致船舶搁浅、碰撞等事故的可能性

○非常频繁 ○频繁 ○很可能 ○可能 ○较小可能

○不太可能 ○非常不可能 ○极其不可能

您认为发生上述事件可能造成后果的严重程度是：

○小 ○一般 ○较大 ○重大 ○特别重大

Q8：由于夜间驾引人员生理节律下降增加操作失误，导致 LNG 船舶与他船形成紧迫局面的可能性

○非常频繁 ○频繁 ○很可能 ○可能 ○较小可能

○不太可能 ○非常不可能 ○极其不可能

您认为发生上述事件可能造成后果的严重程度是：

○小 ○一般 ○较大 ○重大 ○特别重大

Q9：由于夜间驾引人员生理节律下降增加操作失误，导致航路判断和选择失误的可能性

○非常频繁 ○频繁 ○很可能 ○可能 ○较小可能

○不太可能 ○非常不可能 ○极其不可能

您认为发生上述事件可能造成后果的严重程度是：

○小 ○一般 ○较大 ○重大 ○特别重大

Q10：由于夜间驾引人员生理节律下降增加操作失误，导致船舶搁浅、碰撞等事故的可能性

○非常频繁 ○频繁 ○很可能 ○可能 ○较小可能

○不太可能 ○非常不可能 ○极其不可能

您认为发生上述事件可能造成后果的严重程度是：

○小 ○一般 ○较大 ○重大 ○特别重大

三、靠/离泊作业

LNG 船舶在拖轮协助下靠/离泊位

Q1：（靠泊）由于夜间光线不足对旋回水域判断失误，导致 LNG 船舶旋回失败并与码头发生碰撞的可能性

○非常频繁 ○频繁 ○很可能 ○可能 ○较小可能

○不太可能 ○非常不可能 ○极其不可能

您认为发生上述事件可能造成后果的严重程度是：

○小 ○一般 ○较大 ○重大 ○特别重大

Q2：由于夜间光线不足，对船舶与码头前沿距离判断失误，导致 LNG 船舶与码头发生碰撞的可能性

○非常频繁 ○频繁 ○很可能 ○可能 ○较小可能

○不太可能 ○非常不可能 ○极其不可能

您认为发生上述事件可能造成后果的严重程度是：

○小 ○一般 ○较大 ○重大 ○特别重大

Q3：由于夜间光线不足 LNG 船对拖轮船位的判断失误，导致 LNG 船舶与拖轮发生碰撞的可能性

○非常频繁 ○频繁 ○很可能 ○可能 ○较小可能

○不太可能 ○非常不可能 ○极其不可能

您认为发生上述事件可能造成后果的严重程度是:

○小 ○一般 ○较大 ○重大 ○特别重大

Q4:由于夜间光线不足导致拖轮带缆作业失误,拖轮辅助失效,进而造成 LNG 船舶与码头或拖轮发生触碰的可能性

○非常频繁 ○频繁 ○很可能 ○可能 ○较小可能

○不太可能 ○非常不可能 ○极其不可能

您认为发生上述事件可能造成后果的严重程度是:

○小 ○一般 ○较大 ○重大 ○特别重大

Q5:由于夜间光线不足对拖轮缆绳张力状态判断不足引发断缆或拖带失误,拖轮辅助失效,导致 LNG 船舶与码头或拖轮发生碰撞的可能性

○非常频繁 ○频繁 ○很可能 ○可能 ○较小可能

○不太可能 ○非常不可能 ○极其不可能

您认为发生上述事件可能造成后果的严重程度是:

○小 ○一般 ○较大 ○重大 ○特别重大

Q6:由于夜间生理节律下降,增加驾引人员操作失误,导致 LNG 船舶与拖轮或码头发生碰撞的可能性

○非常频繁 ○频繁 ○很可能 ○可能 ○较小可能

○不太可能 ○非常不可能 ○极其不可能

您认为发生上述事件可能造成后果的严重程度是:

○小 ○一般 ○较大 ○重大 ○特别重大

Q7:由于夜间压力增加导致驾引人员操作失误,导致 LNG 船舶与拖轮或码头发生碰撞的可能性

○非常频繁 ○频繁 ○很可能 ○可能 ○较小可能

○不太可能 ○非常不可能 ○极其不可能

您认为发生上述事件可能造成后果的严重程度是:

○小 ○一般 ○较大 ○重大 ○特别重大

Q8:(离泊)由于夜间生理节律下降,造成岸基解缆及拖轮辅助作业失误,断缆致人受伤,进而导致 LNG 船舶与拖轮发生碰撞的可能性

○非常频繁 ○频繁 ○很可能 ○可能 ○较小可能

○不太可能 ○非常不可能 ○极其不可能

您认为发生上述事件可能造成后果的严重程度是:

○小 ○一般 ○较大 ○重大 ○特别重大

第二部分 风险指标权重问卷

Questionnaire on Weights of Risk Indicators

示例：A 比 B 重要吗？Example：Is A more important than B？

说明：[1]表示 A 与 B 同等重要；数字 1—9 代表 A 相对 B(或 B 相对 A)的重要程度。数字越大,重要程度越强。

Explanation：[1] means that A and B are equally important；the numbers 1—9 represent the importance of A relative to B (or B relative to A). The larger the number, the stronger the importance.

1. 您认为在影响 LNG 船舶夜航安全的因素中,人为因素比船舶因素重要吗？

Do you think that among the factors that affect the safety of LNG ships at night，human factors are more important than ship factors?

Human factors are more important 人为因素比较重要									Ship factors are more important 船舶因素比较重要								
9	8	7	6	5	4	3	2	[1]	2	3	4	5	6	7	8	9

2. 您认为在影响 LNG 船舶夜航安全的因素中,人为因素比环境因素重要吗？

Do you think that among the factors that affect the safety of LNG ships at night，human factors are more important than environmental factors?

Human factors are more important 人为因素比较重要									Environmental factors are more important 环境因素比较重要								
9	8	7	6	5	4	3	2	[1]	2	3	4	5	6	7	8	9

3. 您认为在影响 LNG 船舶夜航安全的因素中,人为因素比管理因素重要吗？

Do you think that among the factors that affect the safety of LNG ships at night，human factors are more important than management factors?

Human factors are more important 人为因素比较重要									Management factors are more important 管理因素比较重要								
9	8	7	6	5	4	3	2	[1]	2	3	4	5	6	7	8	9

4. 您认为在影响 LNG 船舶夜航安全的因素中,船舶因素比环境因素重要吗？

Do you think that ship factors are more important than environmental factors among the factors that affect the safety of LNG ships at night?

Ship factors are more important
船舶因素比较重要

Environmental factors are more important
环境因素比较重要

9	8	7	6	5	4	3	2	[1]	2	3	4	5	6	7	8	9

5. 您认为在影响 LNG 船舶夜航安全的因素中，船舶因素比管理因素重要吗？

Do you think that ship factors are more important than management factors among the factors that affect the safety of LNG ships at night?

Ship factors are more important
船舶因素比较重要

Management factors are more important
管理因素比较重要

9	8	7	6	5	4	3	2	[1]	2	3	4	5	6	7	8	9

6. 您认为在影响 LNG 船舶夜航安全的因素中，环境因素比管理因素重要吗？

Do you think environmental factors are more important than management factors among the factors that affect the safety of LNG ships at night?

Environmental factors are more important
环境因素比较重要

Management factors are more important
管理因素比较重要

9	8	7	6	5	4	3	2	[1]	2	3	4	5	6	7	8	9

7. 您认为在人为因素中，安全意识比业务技能及经验重要吗？

Do you think that among human factors, secuvity awareness is more important than business skills and experience?

Security awareness is more important
安全意识比较重要

Business skills and experience are more important
业务技能及经验比较重要

9	8	7	6	5	4	3	2	[1]	2	3	4	5	6	7	8	9

8. 您认为在人为因素中，安全意识比夜间生理状态(疲劳)重要吗？

Do you think that among the human factors, secuvity awareness is more important than the physiological state (fatigue) at night?

Security awareness is more important
安全意识比较重要

Night physiological state (fatigue) is more important
夜间生理状态(疲劳)比较重要

9	8	7	6	5	4	3	2	[1]	2	3	4	5	6	7	8	9

9. 您认为在人为因素中，安全意识比夜间心理状态(压力、负面情绪)重要吗？

Do you think that among human factors, secuvity awareness is more important than nighttime mental state (stress, negative emotions)?

Security awareness is more important
安全意识比较重要

Night mental state（stress，negative emotions）
is more important
夜间心理状态比较重要

9	8	7	6	5	4	3	2	[1]	2	3	4	5	6	7	8	9

10.您认为在人为因素中,安全意识比夜间视觉绩效重要吗?

Do you think that among human factors，security awareness is more important than night vision performance?

Security awareness is more important
安全意识比较重要

Night vision performance is more important
夜间视觉绩效比较重要

9	8	7	6	5	4	3	2	[1]	2	3	4	5	6	7	8	9

11.您认为在人为因素中,业务技能及经验比夜间生理状态(疲劳)重要吗?

Do you think that among human factors，business skills and experience are more important than night time physiological state（fatigue）?

Business skills and experience
are more important
业务技能及经验比较重要

Night physiological state（fatigue）
is more important
夜间生理状态比较重要

9	8	7	6	5	4	3	2	[1]	2	3	4	5	6	7	8	9

12.您认为在人为因素中,业务技能及经验比夜间心理状态(压力负面情绪)重要吗?

Do you think that among human factors，business skills and experience are more important than night mental state（stress，negative emotions）?

Business skills and experience are
more important
业务技能及经验比较重要

Night mental state（stress，negative
emotions）is more important
夜间心理状态比较重要

9	8	7	6	5	4	3	2	[1]	2	3	4	5	6	7	8	9

13.您认为在人为因素中,业务技能及经验比夜间视觉绩效重要吗?

Do you think that among human factors，business skills and experience are more important than night vision performance?

Business skills and experience are
more important
业务技能及经验比较重要

Night vision performance is more important
夜间视觉绩效比较重要

9	8	7	6	5	4	3	2	[1]	2	3	4	5	6	7	8	9

14. 您认为在人为因素中,夜间生理状态(疲劳)比夜间心理状态(压力、负面情绪)重要吗?

Do you think that among the human factors, the physical state at night (fatigue) is more important than the mental state at night (stress, negative emotions)?

Night physiological state (fatigue)　　Night mental state (stress, negative
is more important　　　　　　　　　emotions) is more important
　　夜间生理状态比较重要　　　　　　　　夜间心理状态比较重要

9	8	7	6	5	4	3	2	[1]	2	3	4	5	6	7	8	9

15. 您认为在人为因素中,夜间生理状态(疲劳)比夜间视觉绩效重要吗?

Do you think that among the human factors, night time physical state (fatigue) is more important than night time visual performance?

Night physiological state (fatigue) is
more important　　　　　　　　　Night vision performance is more important
　　夜间生理状态比较重要　　　　　　　　夜间视觉绩效比较重要

9	8	7	6	5	4	3	2	[1]	2	3	4	5	6	7	8	9

16. 您认为在人为因素中,夜间心理状态(压力、负面情绪)比夜间视觉绩效重要吗?

Do you think that among human factors, night time mental state (stress, negative emotions) is more important than night time visual performance?

Night mental state (stress, negative　　Night vision performance is more
emotions) is more important　　　　　important
　　夜间心理状态比较重要　　　　　　　　夜间视觉绩效比较重要

9	8	7	6	5	4	3	2	[1]	2	3	4	5	6	7	8	9

17. 您认为在船舶因素中,船龄比船舶吨位重要吗?

Do you think that among ship factors, ship age is more important than ship tonnage?

Ship age is more important　　　　　Ship tonnage is more important
　　船龄比较重要　　　　　　　　　　　船舶吨位比较重要

9	8	7	6	5	4	3	2	[1]	2	3	4	5	6	7	8	9

18. 您认为在船舶因素中,船龄比船舶保养状态重要吗?

Do you think that among ship factors, ship age is more important than ship maintenance status?

| Ship age is more important
船龄比较重要 | | | | | | | | Ship maintenance status is more important
船舶保养状态比较重要 | | | | | | | | |

9	8	7	6	5	4	3	2	[1]	2	3	4	5	6	7	8	9

19.您认为在船舶因素中,船龄比船舶技术状态(航行、助航、照明设备工作状态)重要吗?

Do you think that among ship factors, ship age is more important than ship's technical status (navigation, navigation assistance, lighting equipment working status)?

| Ship age is more important
船龄比较重要 | | | | | | | | Ship's technical status is more important
船舶技术状态比较重要 | | | | | | | | |

9	8	7	6	5	4	3	2	[1]	2	3	4	5	6	7	8	9

20.您认为在船舶因素中,船龄比船舶载况重要吗?

Do you think that among ship factors, ship age is more important than ship loading conditions?

| Ship age is more important
船龄比较重要 | | | | | | | | Ship loading conditions are more important
船舶载况比较重要 | | | | | | | | |

9	8	7	6	5	4	3	2	[1]	2	3	4	5	6	7	8	9

21.您认为在船舶因素中,船舶吨位比船舶保养状态重要吗?

Do you think that among ship factors, ship tonnage is more important than ship maintenance status?

| Ship tonnage is more important
船舶吨位比较重要 | | | | | | | | Ship maintenance status is more important
船舶保养状态比较重要 | | | | | | | | |

9	8	7	6	5	4	3	2	[1]	2	3	4	5	6	7	8	9

22.您认为在船舶因素中,船舶吨位比船舶技术状态(航行、助航、照明设备工作状态)重要吗?

Do you think the ship's tonnage is more important than the ship's technical status (navigation, navigation aids, lighting equipment working status) among ship factors?

| Ship tonnage is more important
船舶吨位比较重要 | | | | | | | | Ship's technical status is more important
船舶技术状态比较重要 | | | | | | | | |

9	8	7	6	5	4	3	2	[1]	2	3	4	5	6	7	8	9

23. 您认为在船舶因素中,船舶吨位比船舶载况重要吗?

Do you think that among ship factors, ship tonnage is more important than ship's loading conditions?

Ship tonnage is more important　　　　　Ship loading conditions are more important
　　船舶吨位比较重要　　　　　　　　　　　　船舶载况比较重要

9	8	7	6	5	4	3	2	[1]	2	3	4	5	6	7	8	9

24. 您认为在船舶因素中,船舶保养状态比船舶技术状态(航行、助航、照明设备工作状态)重要吗?

Do you think that among ship factors, ship maintenance status is more important than ship technical status (navigation, navigation assistance, lighting equipment working status)?

Ship maintenance status is more important　　Ship technical status is more important
　　船舶保养状态比较重要　　　　　　　　　　　　船舶技术状态比较重要

9	8	7	6	5	4	3	2	[1]	2	3	4	5	6	7	8	9

25. 您认为在船舶因素中,船舶保养状态比船舶载况重要吗?

Do you think that among ship factors, ship maintenance status is more important than ship loading conditions?

Ship maintenance status is more important　　Ship loading conditions are more important
　　船舶保养状态比较重要　　　　　　　　　　　　船舶载况比较重要

9	8	7	6	5	4	3	2	[1]	2	3	4	5	6	7	8	9

26. 您认为在船舶因素中,船舶技术状态(航行、助航、照明设备工作状态)比船舶载况重要吗?

Do you think that among ship factors, ship technical status (navigation, navigation aids, lighting equipment working status) is more important than ship loading conditions?

Ship technical status is more important　　Ship loading conditions are more important
　　船舶保养状态比较重要　　　　　　　　　　　　船舶载况比较重要

9	8	7	6	5	4	3	2	[1]	2	3	4	5	6	7	8	9

27. 您认为在环境因素中,风比浪重要吗?

Do you think wind is more important than waves in environmental factors?

Wind is more important								Waves are more important							
风比较重要								浪比较重要							

9	8	7	6	5	4	3	2	[1]	2	3	4	5	6	7	8	9

28. 您认为在环境因素中,风比流重要吗?

Do you think wind is more important than current in environmental factors?

Wind is more important								Current is more important							
风比较重要								流比较重要							

9	8	7	6	5	4	3	2	[1]	2	3	4	5	6	7	8	9

29. 您认为在环境因素中,风比夜间照度重要吗?

Do you think wind is more important than night illumination in environmental factors?

Wind is more important								Night illumination is more important							
风比较重要								夜间照度比较重要							

9	8	7	6	5	4	3	2	[1]	2	3	4	5	6	7	8	9

30. 您认为在环境因素中,风比交通流量重要吗?

Do you think wind is more important than traffic flow in environmental factors?

Wind is more important								Traffic flow is more important							
风比较重要								交通流量比较重要							

9	8	7	6	5	4	3	2	[1]	2	3	4	5	6	7	8	9

31. 您认为在环境因素中,风比小型船舶重要吗?

Do you think wind is more important than small ships in environmental factors?

Wind is more important								Small ships are more important							
风比较重要								小型船舶比较重要							

9	8	7	6	5	4	3	2	[1]	2	3	4	5	6	7	8	9

32. 您认为在环境因素中,浪比流重要吗?

Do you think that waves are more important than currents in environmental factors?

Waves are more important　　　　　　　　current is more important
　　浪比较重要　　　　　　　　　　　　　　　流比较重要

9	8	7	6	5	4	3	2	[1]	2	3	4	5	6	7	8	9

33. 您认为在环境因素中，浪比夜间照度要吗？

Do you think that in terms of environmental factors，waves are more important than night illumination?

Waves are more important　　　　　Night illumination is more important
　　浪比较重要　　　　　　　　　　　　　夜间照度比较重要

9	8	7	6	5	4	3	2	[1]	2	3	4	5	6	7	8	9

34. 您认为在环境因素中，浪比交通流量重要吗？

Do you think waves are more important than traffic flow in terms of environmental factors?

Waves are more important　　　　　Traffic flow is more important
　　浪比较重要　　　　　　　　　　　　　交通流量比较重要

9	8	7	6	5	4	3	2	[1]	2	3	4	5	6	7	8	9

35. 您认为在环境因素中，浪比小型船舶重要吗？

Do you think waves are more important than small ships in terms of environmental factors?

Waves are more important　　　　　Small ships are more important
　　浪比较重要　　　　　　　　　　　　　小型船舶比较重要

9	8	7	6	5	4	3	2	[1]	2	3	4	5	6	7	8	9

36. 您认为在环境因素中，流比夜间照度重要吗？

Do you think flow is more important than night illuminance among environmental factors?

Flow is more important　　　　　　Night illumination is more important
　　流比较重要　　　　　　　　　　　　　夜间照度比较重要

9	8	7	6	5	4	3	2	[1]	2	3	4	5	6	7	8	9

37. 您认为在环境因素中，流比交通流量重要吗？

Do you think flow is more important than traffic flow among environmental factors?

Flow is more important	Traffic flow is more important
流比较重要	交通流量比较重要

$\longleftarrow$ $\longrightarrow$

9	8	7	6	5	4	3	2	[1]	2	3	4	5	6	7	8	9

38. 您认为在环境因素中,流比小型船舶重要吗?

Do you think that in terms of environmental factors, flow is more important than small ships?

Flow is more important	Small ships are more important
流比较重要	小型船舶比较重要

$\longleftarrow$ $\longrightarrow$

9	8	7	6	5	4	3	2	[1]	2	3	4	5	6	7	8	9

39. 您认为在环境因素中,夜间照度比交通流量重要吗?

Do you think night illumination is more important than traffic flow among environmental factors?

Night illumination is more important	Traffic flow is more important
夜间照度比较重要	交通流量比较重要

$\longleftarrow$ $\longrightarrow$

9	8	7	6	5	4	3	2	[1]	2	3	4	5	6	7	8	9

40. 您认为在环境因素中,夜间照度比小型船舶重要吗?

Do you think the night illuminance is more important than small ships in terms of environmental factors?

Night illumination is more important	Small ships are more important
夜间照度比较重要	小型船舶比较重要

$\longleftarrow$ $\longrightarrow$

9	8	7	6	5	4	3	2	[1]	2	3	4	5	6	7	8	9

41. 您认为在环境因素中,交通流量比小型船舶重要吗?

Do you think that in terms of environmental factors, traffic flow is more important than small ships?

Traffic flow is more important	Small ships are more important
交通流量比较重要	小型船舶比较重要

$\longleftarrow$ $\longrightarrow$

9	8	7	6	5	4	3	2	[1]	2	3	4	5	6	7	8	9

42. 您认为在管理因素中,安全作业规程比现场监督检查重要吗?

Do you think safe operation procedures are more important than on-site supervision and inspection among management factors?

Safe operation procedures are more important
安全作业规程比较重要

On-site supervision and inspection
are more important
现场监督检查比较重要

9	8	7	6	5	4	3	2	[1]	2	3	4	5	6	7	8	9

43. 您认为在管理因素中,安全作业规程比应急设施及应急程序重要吗?

Do you think safe operation procedures are more important than emergency facilities and emergency procedures in terms of management factors?

Safe operation procedures are more important
安全作业规程比较重要

Emergency facilities and emergency
procedures are more important
应急设施及应急程序比较重要

9	8	7	6	5	4	3	2	[1]	2	3	4	5	6	7	8	9

44. 您认为在管理因素中,现场监督检查比应急设施及应急程序重要吗?

Do you think that on-site supervision and inspection are more important than emergency facilities and emergency procedures in terms of management factors?

On-site supervision and inspection
are more important
现场监督检查比较重要

Emergency facilities and emergency
procedures are more important
应急设施及应急程序比较重要

9	8	7	6	5	4	3	2	[1]	2	3	4	5	6	7	8	9

附录 C　LNG 船舶夜航安全培训大纲

LNG 船舶夜航作业培训体系主要包括对 LNG 船长/船员的夜航作业培训、对引航员的夜航作业培训和对拖轮驾驶员的夜航作业培训三个部分,其内容分为 LNG 船舶夜航的基础理论知识和夜航实际操纵训练两个部分。

一、LNG 船舶夜航作业的 LNG 船长/船员培训大纲

1. LNG 船舶夜航基础理论培训大纲

· 红外热成像夜视仪系统的组成、构造、原理、功能、使用方法、要求和简单的故障维修方案;

· 导航雷达的构造、原理、使用方法和与红外热成像夜视仪系统配合使用的方法及注意事项;

· 通信系统的构造、组成、原理和使用方法;

· 夜航操作规范,包括 LNG 船舶夜间进出港,靠离泊、夜航避让、瞭望等对 LNG 夜航船长/船员的操作要求、通令对话的释义等;

· LNG 船舶夜航安全管理的规章制度,包括 LNG 夜航期间船员的岗位职责和分工,上级机关、船公司、LNG 接收站码头现有的《安全管理规则》《船舶操纵安全要求》;

· LNG 船舶夜航安全制度和措施,包括进出港航线的有关规定,夜航船员值班制度以及夜航期间驾驶台规则等;

· LNG 船舶夜航期间的应急方案,如选择应急锚地,火灾、碰撞、搁浅事故的应急处置方案,LNG 船舶夜间应急撤离方案等。

以上培训时间为 4 至 5 天(30 课时),以授课、分组讨论、观摩实际操作的方法进行学习和加深 LNG 夜航船长/船员的理论理解。

2. LNG 船舶夜航船长/船员实际操作训练

LNG 船舶夜航船长/船员的实际操作训练是夜航培训的主体,分为 LNG 船舶夜航操纵模拟培训和夜航作业实船培训两部分。

(1)船舶操纵模拟培训介绍

航海模拟器具有强大的仿真环境和模拟功能,它在船舶驾驶教学中可以有效代替实际船舶进行实践操船训练,是一种重要的船员驾驶培训设备,对实践培训教学有着重要影响。船舶驾驶台资源管理(BRM)是关于船舶驾驶的一门管理学科,涉及船舶公司、航海院校、船员个体等各个不同主体,包括船舶设备、设备操作、人员管理等硬件和软件多个方面。有效地利用航海模拟器进行 LNG 船舶夜航的教学培训,可以更好地提高 LNG

船长和船员夜航期间船舶驾驶台资源管理的能力,提升夜航时对当地港口、航道及环境的熟悉程度,以便于在夜间目视瞭望效果不佳的条件下安全进出港和靠离泊,为 LNG 船舶夜航作业的安全提供保障。

（2）夜航作业实船培训

在完成规定的船舶操纵模拟培训后,开展 LNG 船舶夜航实船操作培训。夜航实船操作培训又分为日间和夜间两个操作培训阶段。日间训练,即主机不动,指导船长边示范边讲解,各岗位反复进行熟悉演练。熟练后,将船开出港外按夜航的要求实际操纵训练。评估通过后,再进入 LNG 船舶夜航实际操作阶段。LNG 船舶夜航实船操作培训全部完成后,经过夜航组织小组及主管机关评估通过后,给予签发 LNG 船舶夜航资格证。

夜航实际操作培训大纲：

· LNG 船舶夜航开航前的准备工作,包括 LNG 船上各岗位船员按照职责分工的各系统进行检查,要求不但要熟记所有按钮及使用方法,还要逐项进行调试和检查,保证各项设备尤其夜航关键设备的正常运转；

· 通令对话规范,LNG 船舶夜间开航前、靠离码头、进出港、航行避让、船舶转向等各环节的标准术语、对话的练习,考虑到 LNG 船舶大多为国际航线,船上通用语言为英语,因此要求 LNG 船员能够熟练掌握、灵活运用英文通令对话；

· 航行避让,LNG 船长、值班驾驶员、舵工以及专门负责瞭望的船员应熟练掌握红外夜视仪与雷达的配合使用方法,掌握 LNG 船舶夜航期间避让目标船舶、碍航物等避让措施；

· 熟悉航区和航行环境,强化熟悉进出港航线、航道、水文环境,熟记全部航标、碍航物、转向点、标志物；

· LNG 船舶夜航应急方案演练,包括合理选择应急锚地,火灾、碰撞、搁浅、人员落水、LNG 泄漏时的应急处置措施,夜间 LNG 船舶的应急撤离预案等；

· 靠离码头及进出港航行,靠离码头、进出港航行的实际操作；

· 应用安全意识（实船培训）,包括夜间登离船被引 LNG 船舶对引航员登离船装置的检查。

按照上述培训大纲,先完成规定时间/次数的夜航船舶操纵模拟培训,经评估通过后按照培训大纲开展实船操作培训。

二、LNG 船舶夜航作业的引航员培训

1.夜航基础理论培训大纲

· 红外热成像夜视仪系统的组成、构造、原理、功能、使用方法、要求和简单的故障维修方案；

· LNG 船上导航设备（如雷达/APRA、AIS、DGPS、ECDIS 等）的构造、原理、使用方法和与红外热成像夜视仪系统配合使用的方法及注意事项；

· 通信系统的构造、组成、原理和使用方法；

　　• 夜航操作规范,包括 LNG 船舶夜间进出港、靠离泊、夜航避让、瞭望、制定拖轮配备计划和使用方法,夜航作业方案制定方法,发布通令对话及其释义等;

　　• LNG 船舶夜航安全管理的规章制度,包括 LNG 夜航期间引航员岗位职责和分工,上级机关、船公司、LNG 接收站码头现有的《中华人民共和国安全生产法》《安全管理规则》《夜间引航管理规定和管理办法》《船舶操纵安全要求》以及其他对引航员的安全管理要求;

　　• LNG 船舶夜航安全制度和措施,包括进出港航线的有关规定,夜航期间驾驶台规则等;

　　• LNG 船舶夜航期间的应急方案,如选择应急锚地,火灾、碰撞、搁浅事故的应急处置方案,LNG 船舶夜间应急撤离方案等;

　　• LNG 船舶夜航期间港口水域协助搜寻和救助行动方案,包括熟悉夜间搜救组织及救助程序,夜间救助落水人员的程序和应急操作与指挥等。

　　以上培训时间为 4 至 5 天(30 课时),以授课、分组讨论、观摩实际操作的方法进行学习和加深引航员对 LNG 船舶夜间引航的理论理解。

　　2.LNG 船舶夜航引航员的实际操作训练

　　LNG 船舶夜航引航员的实际操作训练是夜航培训的主体,同样分为 LNG 船舶夜航操纵模拟培训和夜航作业实船培训两部分。

　　夜航实际操作培训大纲:

　　• 引领尺度范围内的 LNG 船舶夜间进出港作业的综合引航技能,包括 LNG 船舶夜间引航操纵方案的制定、夜间引航的有关信息(航道情况、水文情况、潮汐潮流情况、航标情况等)、夜间航行要点(航速、航向、船位控制、控制的手段和方法、移动安全区、夜间报告制度等)

　　• LNG 船舶夜间靠离泊作业的综合引航技能,包括夜间靠离泊操作的要领及注意事项、基本方法、车舵和拖轮的正确运用,导助航设施和红外夜视仪的搭配使用;

　　• LNG 船舶夜间避让操纵,包括夜间声号、号灯号型的识别和使用,夜间瞭望,夜间碰撞危险的判断方法,夜间避碰行动,夜间背离规则的前提条件;

　　• LNG 船舶夜航期间的应急应变,包括预防和应对 LNG 船舶夜航期间可能出现的特殊情况(主机失控、舵机失灵、人员落水、船舶失电等),遭遇台风、暴雨、大雾等恶劣天气时的应急处置;

　　• 应用安全意识(实船培训),包括夜间登离船前引航员对登离船装置的检查、夜间引航过程中安全余量的合理把控、综合各种资源并做出应对方案;

　　• 夜间登离船时的沟通,包括夜间登离船程序、夜间与引航拖轮驾驶员的沟通、夜间引航员安全需求等;

　　• 夜间在船期间与船长/驾驶员的信息交换,包括引航卡的交流、船舶特性和航行动态说明、天气海况和交通环境说明、引航计划的沟通、靠离泊期间与船长/驾驶员的信息交换、车令/舵令的发出与执行、夜间航行局面的判断与信息交换,考虑到 LNG 船舶大多

为国际航线,船上通用语言为英语,因此要求引航员能够熟练掌握、灵活运用英文通令对话;

·LNG 船舶夜航期间引航员与外部的联系,包括与拖轮、相关船舶、VTS 和码头的联系;

·LNG 船舶夜航期间紧急情况下的交流,包括人员落水、火灾、搁浅、碰撞、船舶污染、船舶设备故障情况下的交流。

三、LNG 船舶夜航作业的拖轮驾驶员培训

1. 夜航基础理论培训大纲

·红外热成像夜视仪系统的组成、构造、原理、功能、使用方法、要求和简单的故障维修方案;

·拖轮导航设备(如雷达、AIS 等)的构造、原理、使用方法和与红外热成像夜视仪系统配合使用的方法及注意事项;

·通信系统的构造、组成、原理和使用方法;

·夜航拖轮操作规范,包括拖轮夜间护航,协助 LNG 船舶靠离泊,夜航避让、瞭望,收听、理解和执行引航员通令对话;

·LNG 船舶夜航安全管理的规章制度,包括 LNG 夜航期间拖轮驾驶员岗位职责和分工,上级机关、船公司、LNG 接收站码头现有的《中华人民共和国安全生产法》《安全管理规则》以及其他对拖轮的安全管理要求;

·LNG 船舶夜航期间的应急方案,如火灾、碰撞、搁浅事故的应急处置方案,LNG 船舶夜间应急撤离时拖轮的操作方案等;

·LNG 船舶夜航期间港口水域协助搜寻和救助行动方案,包括熟悉夜间搜救组织及救助程序,夜间救助落水人员的程序和应急操作与指挥等。

以上培训时间为 4 至 5 天(30 课时),以授课、分组讨论、观摩实际操作的方法进行学习和加深拖轮驾驶员对 LNG 船舶夜航作业的理论理解。

2. LNG 船舶夜航拖轮驾驶员的实际操作训练

LNG 船舶夜航拖轮驾驶员的实际操作训练是夜航培训的主体,同样分为 LNG 船舶夜航操纵模拟培训和夜航作业实船培训两部分。

夜航实际操作培训大纲:

·LNG 船舶夜航开航前的准备工作,包括拖轮上各岗位船员按照职责分工的各系统进行检查,要求不但要熟记所有按钮及使用方法,还要逐项进行调试和检查,保证各项设备尤其夜航关键设备的正常运转;

·夜间缆绳操作(实船培训),包括夜间离泊解缆、夜间靠船系缆、夜间靠船解缆、夜间靠泊系缆等;

·通令对话规范,LNG 船舶夜间开航前、靠离码头、进出港、航行避让、船舶转向等

各环节的标准术语、对话的练习；

·航行避让,拖轮驾驶员和专门负责瞭望的拖轮船员应熟练掌握红外夜视仪与雷达的配合使用方法,掌握 LNG 船舶夜航期间拖轮避让目标船舶、碍航物等避让措施；

·熟悉航区和航行环境,强化熟悉进出港航线、航道、水文环境,熟记全部航标、碍航物、转向点、标志物；

·LNG 船舶夜航应急方案演练,包括火灾、碰撞、搁浅、人员落水、LNG 泄漏时的应急处置措施,夜间 LNG 船舶的应急撤离预案等；

·协助 LNG 船舶夜间靠离码头及夜间进出港航行,夜间协助 LNG 船舶靠离码头和进出港航行的实际操作。